향심기도 수련

Lee Se Young & Lee Chang Young
TRAINING OF CENTERING PRAYER

Copyright © Benedict Press, Waegwan/Korea 2008
All rights reserved

향심기도 수련
2008년 11월 초판 | 2010년 4월 재쇄
지은이 · 이세영/이창영 | 펴낸이 · 이형우
ⓒ **분도출판사**
등록 · 1962년 5월 7일 라15호
718-806 경북 칠곡군 왜관읍 왜관리 134의 1
왜관 본사 · 전화 054-970-2400 · 팩스 054-971-0179
서울 지사 · 전화 02-2266-3605 · 팩스 02-2271-3605
www.bundobook.co.kr

ISBN 978-89-419-0815-9 03230
값 7,000원

* 신저작권법에 따라 보호를 받는 저작물이므로 무단 전재와 무단 복제를 금합니다.

향심기도 수련

이세영 · 이창영

분도출판사

추천하는 말

우리는 하느님의 모상Imago Dei입니다. 그러므로 하느님을 만나려면 자기 내면 깊숙이 들어가야 합니다. 영적 행복, 참행복은 외부에 있는 것이 아니라 내 안에 언제나 머물러 계신 그리스도를 만남으로써 우러나오는 것입니다. 오늘날 참된 기도의 영적 기쁨을 맛보지 못하는 사람이 많습니다. 그들은 교회에서 영적 목마름을 해소하지 못한 채 떠나가고 있습니다. 그들이 교회를 떠나는 중요한 이유 가운데 하나는 어떻게 기도해야 하는지 모르기 때문입니다. 그러므로 가톨릭교회의 전통에서 기도의 풍요로움을 재발견하여 현대화하는 것이야말로 대단히 중요한 일입니다.

지난날 종교개혁을 계기로 하느님 중심에서 인간 중심으로 모든 관점이 바뀌게 되면서, 머리로 이해할 수 없는 기도는 더 이상 받아들여지지 않게 되었습니다. 이해하기 어려우며 신비롭게만 보이는 기도, 가슴과 영혼으로 바치는 기도는 특별한 사람들이나 하는 것으로 여겨졌고, 수도원 등에서만 행해질 뿐 보편화되지는 못했습니다. 이런 특수한 기도들은 신비의 베일에 덧씌워진 채 일반 신자들과는 동떨어진 것으로 인식되어 온 것이 사실입니다.

향심기도向心祈禱(Centering Prayer)는 1970년대 초 미국의 한 트라피스트 수도원에서, 영성에 목말라하는 현대인들을 위해 가톨릭 전통의 관상기도를 대중화하려는 노력에서 시작되었습니다. 하느님께서는 우리 모두가 거룩해지도록 우리를 관상觀想(contemplation)으로 부르셨습니다. 그리고 향심기도는 우리 존재의 가장 깊은 곳에 현존하시는 하느님께로 가는 지름길인 동시에 우리를 관상기도로 이끄는 첫 계단입니다.

참행복의 길을 찾는 향심기도를 누구나 쉽게 시작할 수 있는 방법이 이 책에 담겨 있습니다. 이제 누구라도 마음만 먹으면 관상기도를 할 수 있는 것입니다. 아울러 이 책에서는 기도의 방법론뿐만 아니라, 평범한 일상에서 깊은 영적 체험을 통해 비범한 사랑의 삶을 살아갈 수 있는 길을 구체적으로 밝혀 주고 있습니다. 포교 베네딕도 수녀회 대구 수녀원 이세영 수녀는 오랜 수도생활과 수년간 향심기도 피정을 지도해 온 경험을 통해, 그리고 동생 이창영 신부는 윤리신학자로서 여러 수도회의 종신서원자 연례 피정을 지도하고 영성 서적들을 번역한 경험을 바탕으로 하느님과의 내적 만남에 이르는 길을 잘 가르쳐 주고 있습니다. 이런 까닭에 이세영 수녀와 이창영 신부가 『향심기도 수련』을 함께 펴내게 된 것을 진심으로 환영하고 기뻐합니다.

하느님 안에서 참평화와 참행복을 누리고 싶어 하는 모든 사람에게 이 책이 조금이나마 도움이 되기를 바랍니다.

2008년 5월 11일 성령강림 대축일에
천주교 대구대교구 교구장
최영수 요한 대주교

향 심 기 도 수 련

추천하는 말 _ 5
들어가는 말 _ 11

1장 향심기도 _ 21

1. 향심기도의 개념과 정의 _ 21
2. 향심기도의 역사와 국제 관상 지원단 _ 27
3. 향심기도의 기본 원칙 _ 35
4. 향심기도의 이해 _ 36

2장 관상기도 _ 45

1. 관상기도의 개념 _ 45
2. 관상에 이르게 하는 기도들 _ 49

3장 렉시오 디비나 관계로서의 기도 _ 51

1. 수도승 전통에 따른 렉시오 디비나 _ 51
2. 렉시오 디비나의 단계 _ 57

4장 향심기도의 신학적 접근 _ 61

1. 내 안에 현존하시는 삼위일체 하느님 _ 61
2. 향심기도의 초점인 그리스도 _ 65
3. 향심기도의 신학적 원칙 _ 66

5장 향심기도의 심리학적 접근 _ 67
1. 인간 조건 _ 67
2. 참자아와 거짓자아 _ 69
3. 향심기도의 네 순간 _ 76

6장 향심기도 수련법 _ 79
1. 향심기도의 준비 _ 79
2. 향심기도의 방법과 지침 _ 83

7장 향심기도의 지속과 열매 그리스도 안에서의 변형 _ 99
1. 향심기도의 열매 _ 99
2. 향심기도의 지속과 적용 _ 105
3. 향심기도의 의지와 지향 _ 110
4. 향심기도의 정체성 _ 114

나오는 말 _ 119

부록 향심기도 수련의 실제 _ 125
향심기도 요약 _ 125
향심기도 모임 _ 129
나눔의 형식 _ 132
믿음 나누기 지침 _ 133
향심기도 쇄신의 날 _ 134

참고한 책 _ 135

들어가는 말

바쁜 일상에 지친 현대인들, 눈으로 보고 손으로 만질 수 있어야만 믿으려는 사람들의 신앙생활에서, 하느님 체험은 매우 중요한 동기라 하지 않을 수 없습니다. 새로운 영적 체험을 찾아 길을 떠나는 사람도 많습니다. 하지만 체험이라고 해서 모두 다 우리를 인간답고 행복하게 해 주지는 못합니다. 체험을 위한 체험이라면 그저 공허할 따름입니다.

어떤 체험이 잠시 동안 기쁨과 위안을 줄 수 있겠지만 그 순간이 지나고 나면 우리는 다시 교만해지거나 고독해집니다. 이것은 결국 자신 안에 바벨탑을 쌓는 일에 지나지 않습니다. 따라서 우리는 막연히 '놀라운 체험'을 추구하기보다는 '복음적 체험'을 통해 그리스도를 더 깊이 알고 사랑하게 되는 체험을 추구해야 합니다. 그런 체험이야말로 우리를 참으로 인간답게 각성시키고 성숙시켜 주는 것은 물론이고 삶의 통합을 이루어 줄 수 있는 것입니다.

하지만 애석하게도 오늘날 신앙인들 상당수는 이런 참된 체험의 길에 이르지 못하고 있습니다. 반면에, 몸과 마음으로 쉽게 접근할 수 있는 유사 영성에 매력을 느끼는 사람이 많은 듯합니다. 특히 최근 한국에서 이런 현상이 두드러집니다. 인터넷을 비롯한 매스미디어, 국제적 교류의 다양화를 통해 과거보다 월등히 빠른 소통이 이루어지고 있는 상황에서, 종교적 제도권을 벗어난 신앙생활의 양상이 두드러지고 있는 실정입니다. 그동안 한국 가톨릭교회가, 영적 목마름을 채워 줄 수 있는 대중적 영성 프로그램에 대한 관심이 부족했던 점도 돌아보아야 할 문제입니다.

이런저런 이유로 신앙인들은 삶의 가치관과 자기 정체성의 상실을 겪으며 깊은 영적 목마름을 느낍니다. 새롭게 대두한 유사 영성 운동들 ― 기氣 수련, 요가, 선禪, 명상, 대체 의학, 단학丹學, 뉴에이지, 그리고 이즈음 생활양식의 주류로 부상한 웰빙well-being 신드롬에 이르기까지 이런 경향을 쉽게 발견할 수 있습니다.

이는 결국 사람들이 가톨릭교회의 전통적 신심, 기도, 묵상을 통해 영적 갈증을 해소하는 길을 찾지 못한 결과입니다. 그러므로 교회는 그리스도교 신앙과 영성의 근본원리가 우선적으로 그리스도인들에게 더욱 굳건히 뿌리내릴 수 있도록, 신앙과 영성을 위한 영적·사목적 프로그램을 하루빨리 연구하여 마련하는 것이 중요합니다. 그리고 교회에서 영적 만족을 얻지 못해 타종교나 유사 영성으로 눈을 돌릴 수밖에 없는 사람들의 소리 없는 항변을 들을 줄도 알아야 합니다. 오늘날 이처럼 심각한 영적 고갈현상은 예수 그리스도와 성령께 더욱 가까이 다가가 기꺼이 따를 것을 준비하라는 새로운 부르심으로 알아들어야 합니다.[1]

현대인들은 그리스도를 통한 복음적 체험을 바탕으로 '하느님 안에서의 쉼'을 추구합니다. '하느님 안에서의 쉼'이라는 말은 좀 생소합니다. '쉼'이라는 말은 때로 '정지'나 '정체', 심지어 '퇴보'로 오해될 수 있습니다. 현대사회가 능력과 능률만 내세운 결과입니다. 매사에 경제 논리만 중시함에 따라, '영혼의 쉼'이라는 여백의 의미를 받아들이기가 더욱 어려워진 것입니다.

---

[1] 교황청 문화 평의회와 교황청 종교 간 대화 평의회 「생명수를 지니신 예수 그리스도 — '뉴에이지'에 관한 그리스도교적 성찰」 『가톨릭교회의 가르침』 26, 한국천주교중앙협의회 2004.

기도생활 역시 마찬가지입니다. 언제부터인가 단기 연수 프로그램이 피정을 대신하게 되었습니다. 신앙생활에 필수적인 경력처럼 여겨지기도 합니다. 그러나 이제 우리는 그리스도 안에서의 참된 성찰을 통해 영혼의 쉼터를 찾아가야 할 것입니다.

이런 우리에게 향심기도는 새로운 출구를 제시합니다. 이 기도는 토머스 파커 키팅Thomas Parker Keating 신부 개인의 인격적 하느님 체험에 바탕을 두고 있습니다. 그가 가톨릭교회의 영적 위기 해결을 위해 부단히 기도하며 방법을 모색해 왔다는 점에 비춰 볼 때, 비슷한 상황에서 대안을 찾고 있는 우리에게도 희망의 응답이 될 수 있으리라 생각합니다.

향심기도는 제2차 바티칸 공의회 이후 수도생활을 쇄신하려는 움직임과 더불어 다른 종교인들과의 대화와 교류를 모색하던 시점에서 태동했습니다. 그리고 오늘날 가톨릭교회의 영적 위기에 대한 물음과 극복 방안을 모색하는 과정을 통해 보다 구체화되었습니다. "다양한 사목 종사자가 그리스도교 전통에 접근하게 할 수는 없는 것일까?" "동양의 수련이나 명상에 심취한 젊은이들에게 그리스도교 전통에도 유사한 것이 있음을 일깨워 그리스도교로 돌아오게 할 수는 없을까?" 향심기도는 이런 고민에서 시작되었습니다.[2]

이후 향심기도는 그리스도교에 뿌리내리기 위해 더욱 단순한 형태를 띠면서, 일반 신자들이 좀 더 쉽고 편안하게 기도에 맛 들이고 몸에 익혀 하느님과 친밀한 관계를 형성해 나가는 데 기여해 왔습니다. 이런 면에서 향심기도는 대중의 영성생활에 크게 도움이 되는 프로그램임을 확신합니다.

그리스도인으로서 참으로 '존재'being하려면 하느님과 깊이 관계 맺는 수련이 절대적으로 필요합니다. 따라서 향심기도를 통해 하느님과 깊은 영적 관계를 맺도록 권장합니다.

우리 모두는 신앙인으로서 행복을 누리고 싶어 하는데, 그러기 위해서는 두 가지 조건이 필요합니다. 하나는 영적 가난 체험, 즉 우리는 영원한 생명의 주인이신 하느님께 의탁해야 하는 나약한 존재임을 깨달아야 합니다. 또 하나는 하느님과 일치하려는 강한 열망입니다. 결국 하느님과 올바르게 만나는 것이 그 무엇보다 우선시되어야 합니다. 오랜 시간 눈 감고 기도한다고 해서 하느님과 만날 수 있는 것은 아닙니다. 영적 삶, '대상이 내게로 들어오는 삶'이 중요합니다.[3] 대상이

---

[2] 토머스 파커 키팅 『하느님과의 친밀』 엄무광 옮김, 성바오로 1999, 20.

[3] 정규한 『가슴으로 드리는 기도』 성서와 함께 2000, 23.

내게로 들어와 그에 대해 측은한 마음이 생기고, 이 측은한 마음이 다시 그를 위한 실천 행위로 나타나는 삶, 이런 영적 삶을 통해 우리는 원수까지도 사랑할 수 있게 됩니다.

머리 중심으로 살면 하느님을 체험하기 힘듭니다. 그동안 머리(지식)로 알았다면 이제부터는 가슴으로 알아야 합니다. 나의 참자아에 들어 계시는 삼위일체 하느님을 만나기 위해 '나의 중심'으로 들어가 하느님의 현존을 체험해야 하는데, 그러기 위해 향심기도를 수련하는 것입니다. 결국 신앙인으로서 행복하고 싶다면 지속적인 향심기도를 통해 기도를 몸에 익힐 것을 재차 권해 드립니다.

여러 해 동안 향심기도 피정을 지도해 오면서 기도에 대해 두려움을 가진 사람들, 기도를 어떻게 해야 할지 모르는 사람들, 그리고 기도에 더욱더 깊이 다가가려는 열망을 가진 사람들을 많이 만났습니다. 그리고 향심기도야말로 그분들이 하느님과의 영적 관계를 일구어 가는 과정에서 손쉽게 실천할 수 있는 적합한 기도임을 확신하게 되었습니다.

향심기도는 누구나 기도에 친밀감을 느끼도록 이끌어 주면서, 나아가 그리스도인으로 살아가는 신앙인의 존재 의미를 일깨워 줍니다. 그리스도인이 확신과 열정을 가지고 예수님의 복음을 선포하지 못한다면, 그것은 바로 자신의 존재 의미를 잊어버린 것입니다.

나의 존재는 본질적으로 다른 사람을 위한 것입니다. 또한 거룩한 교회는 참으로 다른 이를 위해, 그리고 모든 이를 위해 존재합니다. 그러므로 거룩한 교회의 지체인 우리는 예수님 안에서 인간을 속량하시는 하느님의 구원과 사랑을 다른 사람들도 깨닫도록 이끌어야 합니다. 거룩한 교회의 이러한 존재 의미는 반박의 여지 없이 분명한 것입니다.

"너희는 세상의 빛이다. … 등불은 켜서 함지 속이 아니라 등경 위에 놓는다. 그렇게 하여 집 안에 있는 모든 사람을 비춘다. 이와 같이 너희의 빛이 사람들 앞을 비추어, 그들이 너희의 착한 행실을 보고 하늘에 계신 너희 아버지를 찬양하게 하여라"(마태 5,14-16).

향심기도는 우리가 존재 의미를 깨닫고 살아가도록 인도하는 등불이 되어 주면서, 가톨릭교회의 전통적 관상기도로 알아듣기 쉽게 이끌어 줄 것입니다. 향심기도를 통해 남다른 사랑으로 일상을 살아가게 됨으로써, 우리는 자신의 존재 의미를 깨닫고 영적 삶을 누릴 수 있습니다. 그리하여 점차 '하느님과 일치'하는 귀한 체험을 얻으면서 참된 영혼의 쉼터에 다다르게 될 것입니다.

이 책을 통해 기도의 방법론을 제시하면서, 깊이 있는 향심기도를 통해 '하느님과의 내적 만남'에 이르는 길을 밝혀 보려 합니다. 저희의 작은 노력으로 이 책이 가톨릭교회의 전통에서 기도, 묵상, 관상기도를 쉽게 생활화하는 데 작은 길잡이가 되기를 진정 바랍니다.

향심기도를 통해 비로소 그리스도 강생의 의미를 참으로 알아듣고, 인간 조건 그 자체가 하느님을 만나 그분과 일치하는 과정임을 깨달을 수 있습니다. 오로지 침묵으로 일관하는 비움의 방식으로 기도하는 향심기도를 통해 가장 역동적인 방법으로 참된 자아를 확보하고 변모되어 감으로써 비로소 하느님과 일치하게 된다는 역설을 이해하게 될 것입니다.

성직자와 수도자를 비롯한 모든 그리스도인, 특히 기도를 배우려는 원의에 가득 찬 사람들에게 이 책이 조금이나마 도움이 되기를 간절히 바랍니다. 그리하여 모든 사람이 참된 기도의 필요성과 가치를 인식하고 참으로 기도하는 사람이 되어 하느님의 은총을 충만히 받으시기를 빕니다.

거룩하신 성령께서는 그토록 기본적이고 단순하면서도 탁월하고 장엄한 향심기도에 관해 글을 쓰기에 저희가 얼마나 부족함이 많은지 잘 알고 계십니다. 살아 계신 말씀 안에서 하느님 아버지와 친밀한 만남을 이루도록 성령께서 저희를 이끄시며 모든 부족함을 메워 주시리라 믿고 바라며 기도합니다.

하느님 중심의 행복한 삶을 갈망하며 ….

2008년 성모성월에
이세영 알렉시오 수녀
이창영 바오로 신부

1장 향심기도

1. 향심기도의 개념과 정의

오늘날 세계적으로 잘 알려진 기도 운동 가운데 하나인 향심기도는, 미국 성 요셉 트라피스트 수도원의 토머스 파커 키팅 신부,[4] 배절 페닝턴 신부,[5] 윌리엄 메닝어 신부[6]를 주축으로 1970년대부터 시작되었습니다.

---

[4] 토머스 파커 키팅 신부는 미국 매사추세츠 주 스펜서 성 요셉 수도원 원장을 역임했으며, 1975년부터 향심기도 운동을 시작했다. 1981년 원장직을 사임하고 콜로라도 스노매스의 성 베네딕도 수도원으로 옮긴 후, 1984년부터 국제 관상 지원단을 창설해 대표직을 맡고 있다.

[5] 미국 매사추세츠 주 스펜서 성 요셉 수도원의 배절 페닝턴(Basil Pennington) 수사신부는 미국 남자 수도 장상 연합회 영성생활 위원으로 활동했으며, 전 세계를 다니면서 향심기도를 전파했다. 2005년 불의의 교통사고로 선종했다.

향심기도는 그리스도교 신비주의 전통으로부터 많은 영향을 받았습니다. 특히 14세기 익명의 영국인이 쓴 『무지의 구름』*The Cloud of Unknowing*이란 작품을 현대적 감각으로 재구성해 그리스도교의 관상 전통을 복원하려는 기도 운동입니다. 물론 다양한 원천으로부터 영향을 받았겠지만 『무지의 구름』에서 가장 직접적이고 크게 영향받은 것은 분명합니다.

"하느님을 만나려면 자신의 중심으로 들어가야 한다"고 주장한 토머스 머튼Thomas Merton, 비드 그리피스Bede Grifiths의 말에서 영감을 받아 '향심기도'라는 이름이 붙여졌습니다.[7] 전통적으로 하느님 현존의 선물이라고 일컬어지는 관상기도를 받아들이도록 준비시켜 주는 기도이자, 하느님께서 내 안에서 현존하시고 활동하시도록 동의함으로써 하느님께 응답하는 기도입니다.[8]

향심기도 방법에 대해서는 뒤에서 자세히 언급하겠지만, 이해를 돕기 위해 우선 간단히 이야기하겠습니다. 먼저, 하느님께서 내 안에 현존하시고 활동하시도

---

[6] 미국 매사추세츠 주 스펜서 성 요셉 수도원의 윌리엄 메닝어(William Menninger) 수사신부는 15년간 피정 지도와 성경 교수로 활동했으며, 특히 향심기도 전파에 노력해 왔다.

[7] 엄무광 『향심기도』 성바오로 1998, 91.

[8] 키팅 『하느님과의 친밀』 74-75.

록 동의하는 나의 지향을 상징하기 위해 거룩한 단어를 선택합니다. 눈을 감고 앉아서 자세를 편히 한 다음, 하느님께서 내 안에 현존하시고 활동하시도록 동의함을 상징하는 거룩한 단어를 의식에 불러들입니다. 어떤 사념思念(분심)을 알아차리게 되면, 아주 부드럽게 그 거룩한 단어로 돌아갑니다. 기도가 끝날 때는 눈을 감고 2분가량 침묵 속에 머뭅니다.

향심기도는 관상의 선물을 받아들이는 데 장애가 되는 요소를 제거함으로써 관상을 준비시켜 주는 기도이므로, 매일매일 꾸준히 수련하면 머지않아 관상기도에 들어가게 됩니다.

향심기도는 나의 참자아, 나의 가장 중심center에 계시는 삼위일체 하느님을 만나기 위해 '중심으로 들어가는 기도'입니다. '하느님께서 내 안에서 현존하시고 활동하시도록 내가 하느님께 동의해 드리는 기도'이며, '내 안에 계신 성령께서 나를 위해 기도하시도록 놓아 드리는 기도'입니다.[9] 우리 존재의 가장 깊은 중심에 현존하시는 하느님을 향하여, 향심기도를 통해 나아가는 것입니다. 하느님께서는 우리가 마음의 문을 열기만 하면 우리와 함께 계시며 친교를 맺으십니다.

---

[9] 같은 책 75-76.

신비가들은 우리 존재의 중심에 하느님께서 현존하신 다고 말합니다. 그러므로 멀리서 하느님을 찾을 것이 아니라 바로 자기 내면으로 들어가야 하는 것입니다.

세례의 은총으로 하느님께서 우리 안에 이미 현존하시며, 활동하시려 기다리고 계심을 우리는 믿습니다. 이렇듯 우리 내면의 중심에 현존하시는 하느님께 이르기 위해 우리 자신을 내드리면서, 하느님께서 내 안에서 활동하심에 승복하는 기도가 바로 향심기도입니다. 이 기도는 본능적 욕구의 집착(본능적 욕구 자체는 잘못된 것이 아니지만 그에 대한 집착은 잘못된 것임)에 초연해지는 수련이며, 거짓자아를 해체하는 수련이기도 합니다.

그리스도인의 삶의 목표는 무엇보다도 하느님과 일치하는 것입니다. 그 일치가 현세에서 이루어지든 죽은 다음에 이루어지든, 결국 하느님과 만나 일치하는 것만이 그리스도인의 삶의 목표입니다.

관상기도는 내 존재의 가장 깊은 곳, 존재의 중심에 계시는 하느님과 일치하도록 도와주는 기도이며, 향심기도는 이런 관상기도에 이르는 가장 쉬운 길이라고 말할 수 있습니다. '렉시오 디비나'Lectio Divina(거룩한 독서)에서 비롯된 사랑으로 하느님께 나아가고자 하는 소망을 여쭙는 것이자, 관상에 이르기 위한 첫 단계입니다. 하느님과 내가 함께 식탁에 앉는 것이 관상이라면,

그보다 앞서 문을 열어 드리는 것을 향심기도라 할 수 있습니다. 향심기도를 통해 우리는 거짓자아를 무너뜨림으로써 관상에 이르게 되고, 참기쁨, 참행복, 참평화, 참자유의 삶을 누릴 수 있게 됩니다.

렉시오 디비나와의 관계에 초점을 맞추어 방법적 측면에서 향심기도를 정의할 수도 있습니다. 렉시오 디비나에서 비롯된 하느님과의 일치에 대한 그리움을 품고 관상에 들어가려 할 때, 향심기도가 도움이 됩니다. 관상기도로 들어갈 때 발생할 수 있는 장애를 덜어 주는 방편이 되는 것입니다. 그렇지만 단순히 관상기도를 도와주는 데 그치지만은 않습니다. 관상기도에 이르는 방법일뿐더러 (관상기도로 이끄는 방법도 관상기도의 일부라고 의미를 확장하면) 그 자체로 관상기도인 것입니다. 이를테면 향심기도는 하느님과 일치를 이루기 위해 한 발씩 오르는 사다리의 첫 단계에 해당한다고 보면 됩니다.[10] 하느님을 만나고 싶어 하는 간절한 마음을 하느님께 보여 드리는 것이라고 할 수도 있습니다. 우리가 간절한 마음을 하느님께 보여 드릴 때 하느님께서 우리를 끌어당겨 주십니다. 그렇기 때문에 향심기도는 주의를 집중하기보다는 마음과 영혼

---

[10] 같은 책 72.

을 하느님께 맡기는 기도이며, 무엇을 하기doing보다는 그분 곁에 머물러 함께 존재being하는 기도입니다.[11]

향심기도 중에 우리는 하느님께 집착해서는 안 됩니다. 마찬가지로 그분의 아드님이신 예수님이나 성령께 집착해서도 안 됩니다. 다만 헤아릴 길 없이 위대한 그 무엇을 시도해 볼 뿐입니다. 지나가고 마는 모든 것, 부수적일 수밖에 없는 모든 것을 잠시 접어 둔 채, (하느님에 관해) 다만 생각하려는 것이 아니라 하느님과 함께 머무르며 우리 존재의 바탕이 되시는 그분을 경험하려는 것입니다. 예수님은 성부의 현현顯現이시며 우리가 성부께로 가는 길이심을 알고 우리 안에 계시는 예수님의 현존을 경험하는 것, 또 우리 안에 계시는 그분 성령의 참된 힘을 경험하고 그 경험을 통해 그분의 아버지이시자 우리의 아버지이신 분의 현존으로 불려 들어가기를 원하는 것뿐입니다.[12]

---

[11] 키팅 『마음을 열고 가슴을 열고』 엄무광 옮김, 가톨릭출판사 1997, 60. 125. 198-201.

[12] 존 메인 『침묵으로 이끄는 말』 이창영 옮김, 분도출판사 2006, 25-26.

2. 향심기도의 역사와 국제 관상 지원단

(1) 태동과 역사적 배경

키팅 신부에 따르면, 교회는 초창기부터 16세기에 이르기까지 시대에 따라 다소 차이는 있지만, 평신도를 비롯한 모든 그리스도인의 영성생활에 있어 관상기도를 인정해 왔습니다.[13] 그러나 종교개혁과 르네상스 이후로, 살아 있는 전통으로서의 이러한 유산이 급격히 쇠퇴하기 시작했습니다. 이것은 또다시 교회가 분열되거나 이교 문화에 침범당하는 것을 방지하고자, 성직자와 수도자를 비롯한 모든 이가 신앙 규범에서 일탈하는 것을 막으려는 당시 교회 최고 지도부의 관심과 맞물려 있었습니다. 그들은 전통을 지켜야 한다는 명목으로, 성직자·수도자·평신도들이 교회 전통을 자의적으로 해석하거나 자유롭게 신앙생활을 하는 것을 용인하지 않았습니다. 그 결과 평신도들의 관상기도생활은 결정적으로 위축되고 말았던 것입니다.[14]

한편 이런 현상은 기도법이 복잡해지고 체계화되기 시작한 15세기 말경부터 관상기도가 논리적 묵상, 정감적 기도, 하느님께의 몰입 등으로 다양하게 분화되

---

[13] 키팅 『마음을 열고 가슴을 열고』 38-43.
[14] 같은 책 38.

어 간 상황과도 관련 있습니다. 관상기도가 특별한 은 총을 받은 사람들에게만 허용되는 것으로 여겨지면서, 일반 신자들은 관상기도를 접해 볼 기회조차 얻지 못하게 되고 말았습니다.[15]

전통적으로 그리스도교 영성가들은 영성을 '하느님께 나아가는 길'로 가르쳐 왔습니다. 그런데 『하느님과의 친밀』에서 키팅 신부가 지적한 것처럼, 이와 같은 영성의 길이 봉쇄수도원 수도자들에게나 해당되는 외롭고 험난한 수련의 여정으로 생각되던 시대가 있었습니다. 이런 시대가 제2차 바티칸 공의회를 기점으로 끝나는 것처럼 보이기도 했으나,[16] 그 후로도 한동안 미국과 유럽의 사제나 신학 교수들조차 관상기도와 영성생활에 큰 관심을 보이지 않았습니다. 그러다 보니 평신도들은 자연히 이와는 무관한 신앙생활을 해 온 것입니다.[17] 참으로 오랫동안 그랬습니다.

19세기에 유럽과 미국의 가톨릭교회가 겪은 위기도 이런 영적 빈곤과 맞물려 있으며, 이 점은 한국 가톨릭교회도 마찬가지입니다. 영성의 위기가 곧 교회의 위기로 이어지는 상황에서, 위기를 더욱 고조시키는 사

---

[15] 같은 책 38-40.
[16] 키팅 『하느님과의 친밀』 29.
[17] 같은 책 18-19.

태가 일종의 붐을 일으키기 시작했습니다. 1960년대부터 급격하게 불기 시작한, 아시아 종교 문화에 대한 유럽과 미국의 관심이 바로 그것입니다.[18]

오늘날 우리 교회가 불교나 신흥종교, 유사 영성 운동의 활발한 움직임 앞에서 위기감을 느끼는 것과 매우 비슷한 사태가 세계 교회 차원에서 발생했던 것입니다.[19] 그 원인은 여러 관점에서 살펴볼 수 있습니다. 가치관의 혼란과 세상사에 대한 과도한 집착에 따른 교회 이탈, 여가생활과 대중매체의 발달에 따른 볼거리의 다양화와 이에 따른 생활의 외향화, 즉 물질화·감각화 현상도 그 원인의 일부가 됩니다.

그런데 키팅 신부는 교회 내부로 눈을 돌려 또 다른 측면에서 그 원인의 일면을 보았습니다. 그는 그리스도교에도 관상기도의 전통이 있다는 말을 듣고는 마음의 위안을 얻었다는 사람들의 말을 들은 바 있었습니다.[20] 안타깝게도 그때까지 유럽과 미국의 가톨릭 신자들은 관상기도의 오랜 전통에 대해 알지 못하고 있었던 것입니다.[21]

---

[18] 키팅 『마음을 열고 가슴을 열고』 47.
[19] 키팅 『하느님과의 친밀』 152.
[20] 키팅 『마음을 열고 가슴을 열고』 50.
[21] 키팅 『하느님과의 친밀』 19. 147-148.

키팅 신부는 정직하게 교회 내부에서 문제를 찾으려 노력하면서, 아시아의 종교 전통에 매료된 신자들의 영적 갈증을 풀어 줄 방법을 교회가 충분히 제시하지 못한 데서 그 원인을 찾고자 했습니다.[22]

이렇게 종합적으로 문제의 원인을 파악한 다음 대안을 마련하는 과정에서 대두된 것이 바로 향심기도입니다. 말하자면 향심기도는 유럽과 미국의 신자들이 아시아 종교 전통에 관심을 가지고 일부는 교회를 떠나기까지 하는 사태에 이르자, 키팅 신부를 비롯한 지도자들 몇몇이 대책을 강구하는 과정에서 탄생하게 되었다고 볼 수 있습니다.

좀 더 자세히 살펴보면, 향심기도의 역사적 뿌리는 1961~1981년 키팅 신부가 원장으로 있던 매사추세츠 주 스펜서에 있는 성 요셉 수도원으로 거슬러 올라갑니다. 제2차 바티칸 공의회 이후 수도생활 쇄신의 파도가 일기 시작하면서, 교황 바오로 6세가 타종교와의 대화를 권장한 때가 바로 그즈음입니다. 이런 시대적 요청의 일환으로 스펜서의 수도자들은 자신의 가톨릭 정체성을 충실히 지키면서도 동양 종교의 영적 스승들과의 교류를 도모했습니다. 당시 토머스 머튼 신부와

---

[22] 같은 책 18-20.

타종교 영성 지도자들도 대화와 연구, 저술에 함께 참여하고 있었습니다. 이때는 제2차 바티칸 공의회가 촉발시킨 영적 쇄신의 파도 속에서, 앞서 말했듯이 세계 곳곳의 수많은 젊은이가 영적 스승을 찾아 인도를 비롯한 아시아 각처로 향하고 있었습니다. 키팅 신부의 말입니다.

> 1960~1970년대, 동양 스승들의 가르침에 많은 사람이 매혹되고 있었다. 매사추세츠 주 스펜서의 성 요셉 수도원에서 우리는 관상적 수도 전통을 일반인도 이해하고 수련할 수 있는 형태로 만들기 위해 궁리하던 중이었다. 신학과 그리스도교 교리를 현대 언어로 표현하도록 노력해야 한다는 제2차 바티칸 공의회의 가르침에 힘입어, 우리는 관상생활의 전통에도 그런 변화가 필요하다고 확신하게 되었다. 그리하여 윌리엄 메닝어 신부는 14세기 익명의 작가가 쓴 『무지의 구름』에 담긴 풍요로운 영성을 현대인들에게 전하고자 새로운 '수련법'을 만들어 냈다.
>
> 그때까지 우리에게는 관상기도법이 없었기 때문에, 동양 스승들의 체계적 기도법에 매료된 사람이 많았다. 영적 삶을 추구하는 흐름은 단순히 지나가는 유행이 아니었다. 그런데 해마다 여름이면 수많은 젊

은이가 영적 스승을 찾아 인도로 떠나는 데 비해, 베네딕도회나 시토회 수도원에서 영성을 찾으려는 사람은 극소수에 불과했다.[23]

이렇게 키팅 신부와 몇몇 수도자는 많은 젊은이가 가톨릭교회의 관상수도원을 놔두고 아시아로 향하는 데 의문을 가집니다. 그리고 1970년, 키팅 신부의 수도공동체는 회의를 통해 문제를 제기합니다.

> 다양한 사목 종사자가 그리스도교 전통에 접근하게 할 수는 없는 것일까? 또 동양의 수련이나 명상에 심취한 젊은이들에게 그리스도교 전통에도 유사한 것이 있음을 일깨워 그리스도교로 돌아오게 할 수는 없을까?[24]

질문에 대한 일련의 연구가 몇몇 트라피스트 수도사제(배절 페닝턴, 윌리엄 메닝어 등)를 중심으로 진행되었습니다. 그리하여 1975년, 『무지의 구름』을 방법적 기초로 하여 전통적 관상기도를 현대적으로 재구성하고 체계화한 것이 바로 향심기도입니다. 이 향심기도가 앞의

---

[23] 같은 책 147-148.
[24] 같은 책 20.

사제들을 통해 발전되고 사제, 수도자, 평신도들에게 전수되어 긍정적 반응이 나타나기 시작하자, 점차 많은 사람이 이 기도법으로 피정을 하게 되었습니다. 그리고 키팅 신부는 이 기도법을 지도할 교사들을 위해 진보적 프로그램을 개발합니다.[25]

이런 배경에서 관상에 대한 초대교회 교부들의 전통, 수도승들의 렉시오 디비나 전통, 교회 전통, 더불어 『무지의 구름』 같은 고전이 지닌 영성의 가치와 위대한 영성가들의 가르침이 새롭게 주목받기 시작했습니다. 그 과정에서 현대 학문, 특히 발달심리학, 인류학, 물리학 등을 접목해 탄생한 것이 바로 향심기도인 것입니다.

이렇듯 향심기도는 다분히 가톨릭적이고 신학적일 뿐 아니라 교회의 오랜 전통에 기반을 두고 있으면서도 대단히 동양적이고 수용적인 비움의 영성을 이룩할 수 있었습니다. 그렇다면 오늘날 동양 종교와 수련에 심취한 젊은이들이 그 정서와 결코 다르지 않은 방식으로 하느님을 찾고 그분과의 친밀에 몰입할 수 있는 가능성이 우리 앞에 놓이게 된 것입니다. 이런 맥락에서 향심기도는 이미 서양의 영성 모델이 가지는 한계

---

[25] 같은 책 20-27. 58-59.

와 문제점을 극복하면서 성경에 입각해 태동되었다고 볼 수 있기에, 진정 삶의 현장에서 복음을 실천하며 살 수 있는 영성 수련으로 자리매김하고 있는 것입니다.

(2) 국제 관상 지원단

1984년 키팅 신부가 창립한 '국제 관상 지원단'Contemplative Outreach은, 향심기도에 투신하고 있는 개인이나 소공동체로 이루어진 전 세계적 조직망입니다. 미국 전역에서 향심기도에 대한 관심이 고조되는 것을 시작으로, 세계 여러 나라(영국, 캐나다, 독일, 오스트리아, 필리핀, 대한민국, 멕시코, 엘살바도르 등)에서 향심기도 모임이 생겨남에 따라 조직망의 필요성이 절실해졌습니다.

국제 관상 지원단은 깊이 있는 기도생활을 추구하는 사람들에게 향심기도를 소개하고, 그들이 성장과 헌신을 지속하도록 도와주는 지원 체계를 갖추기 위해 노력했습니다. 1986년 관상 지원단은 뉴저지와 콜로라도 스노매스의 트라피스트 수도원에 국제 관상 지원단 사무실을 마련했습니다.[26]

우리나라에서는 2002년 6월 키팅 신부의 내한 강연을 계기로 서울 송파구에 '한국 관상 지원단 사무국'이

---

[26] 엄무광 『향심기도』 92-93.

개설되었습니다. 국제 관상 지원단은 일상에서 복음의 관상적 차원을 쇄신하는 데 목적을 두고, 향심기도와 그에 직접 관련된 개념적 배경을 전파하는 사명을 실천합니다. 그리고 지속적으로 향심기도를 수련함으로써 관상에 이르게 하는 것처럼, 또 다른 방법으로 렉시오 디비나를 권장합니다.

3. 향심기도의 기본 원칙

"누구든지 그리스도의 영을 모시고 있지 않으면, 그는 그리스도께 속한 사람이 아닙니다"(로마 8,9)라고 바오로는 말합니다. 이 말씀처럼 그리스도인인 우리가 참 자아, 나의 가장 중심에 계시는 삼위일체 하느님을 만나기 위해 '나의 중심으로 들어가는 기도'가 바로 향심기도입니다. 믿음과 희망을 통해 지향하는 변형의 차원과 관련하여 세 단계의 기본 원칙을 얻을 수 있습니다. 다시 말해 향심기도는 우리 존재의 중심이신 삼위일체 하느님께 대한 믿음과 희망을 통해 사랑의 변형을 지향하는 수련이라 할 수 있는데, 이에 따라 나타나는 활동 세 단계를 설명하겠습니다.

첫 단계는, 우리 안에 계시는 하느님의 현존에 믿음으로 자신을 여는 것입니다. 다른 말로 '동의'라 할 수 있습니다. 향심기도에서 우리는 기본적으로 하느님의 현존에 끊임없이 동의해야 합니다. 나중에 자세히 설명하겠지만, 향심기도 도중에 여러 생각이 부단히 떠오르면 이를 배척하기보다 미리 선택한 거룩한 단어로 돌아가면 됩니다. 우리의 의지가 행위로 굳어져 습관이 되기까지 하느님의 현존에 끊임없이 동의하겠다는 지향을 늘 새로이 하는 실천 방안입니다.

둘째 단계는, 희망을 가지고 하느님을 기다리는 것입니다. 이 희망은 지금 이 순간 하느님께 온전히 자신을 맡겨 드리는 것을 의미합니다.

셋째 단계는, 그리스도 안에서의 변형입니다. 이것은 지극히 수용적인 과정으로, 하느님의 특별한 은총과 정화의 순간을 통해 일어나는 변형을 우리는 그저 받아들이기만 할 뿐입니다. 정화란 우리 안에 이미 계시는 하느님의 사랑을 받아들이는 데 장애가 되는 것에서 벗어남을 의미합니다.

4. 향심기도의 이해

향심기도는 우리가 렉시오 디비나로 맺은 그리스도와의 관계를 더욱 무르익게 해 주면서, 관상기도로 안내하는 길잡이 역할을 합니다. 이는 『무지의 구름』 같은 고전의 가르침을 현대적으로 해석해 순서와 규칙을 보완한 것입니다. 그러면서도 완전히 새로운 각도에서 기도를 재조명하는 방법입니다. 이 기도 중에 우리는 하느님께서 우리 안에 현존하시고 또 활동하시도록 동의하게 됩니다. 그 밖의 시간에는 주의注意가 나의 밖으로 옮겨 가서 모든 것 안에 현존하시는 하느님을 발견합니다.[27]

새삼 이런 의문이 생길지도 모르겠습니다. "그렇다면 이 기도는 어디에서 오는 것일까? 성경의 어떤 구절에 근거하고 있을까?"

기도하는 방법에 대한 예수님의 훌륭한 권고가 여기 있습니다. 「산상 설교」에서 하신 말씀입니다. "너는 기도할 때 골방에 들어가 문을 닫은 다음, 숨어 계신 네 아버지께 기도하여라. 그러면 숨은 일도 보시는 네 아버지께서 너에게 갚아 주실 것이다"(마태 6,6). 우리가 하느님과 새로운 관계를 맺고 그 관계로 들어가도록 인도해 주는 기도임이 분명합니다. 예수님 당시에는 '하느님'(히브리어로 '야훼')이라는 말을 결코 입에 올릴 수 없었습니다. 하느님을 대단히 경외했기 때문입니다. 실수로라도 이 이름을 불렀다가는 대번에 문제가

---

[27] 키팅 『마음을 열고 가슴을 열고』 196.

생겼습니다. 사해문서에 따르면, 쿰란 공동체에서 자칫 실수로 하느님의 이름 '야훼'를 부른 사람은 그 즉시 공동체에서 쫓겨났다고 합니다. 이처럼 '야훼'라는 이름에 대단한 경외심을 품고 있었기에 함부로 부르는 것은 오랫동안 금지되어 왔습니다. 그런데 예수님은 그분을 "아빠, 아버지"라고 부르는 것은 물론이고 매우 친근하고 인격적인 분, 우리를 사랑하시는 자상한 분으로 알려 주십니다. 문화와 지역에 따라 조금씩 다르겠지만, 어디서나 대개 '아빠'는 아버지를 정답게 부르는 말입니다.

예수님은 기존의 관습을 완전히 뒤엎으셨습니다. 누구도 감히 부를 수 없을 만큼 거룩하고 엄청난 신비이신 하느님에 대해 완전히 새로운 개념을 제시하신 것입니다. "기도하려면 골방에 들어가 문을 닫고 너의 아빠, 아버지, 파파, 어르신네에게 기도하라"고 말씀하실 때의 골방은, 우리와 하느님 사이의 친밀을 암시하는 공간입니다. 이 골방이야말로 지극히 친밀하고 다정하신 궁극적 신비(하느님)의 현존을 만나는 곳입니다. 머리털이 솟을 만큼 두렵고 떨리는 기도는 이제 없습니다. 편안하고 친밀한 관계의 기도가 시작된 것입니다.

골방에 들어가 문을 닫고 비밀스럽게 드리는 기도는 세 단계로 이루어져 있습니다.

첫 단계에서는, 우선 평범한 일상과 거기에 속한 사람들을 모두 떠나보내야 합니다. 이것은 일상적 인식과 관심사를 넘어 우리 심성의 내면으로 들어가는 것, 달리 말하면 우리 존재의 영적 차원으로 들어가는 것을 의미합니다. 골방은 우리의 내면을 상징하는데, 이 내면이란 우리의 일상적·심리적 기능을 넘어선 영역으로, 바로 거기에 아빠, 아버지가 은밀히 현존하시며 우리를 기다리고 계십니다.

비밀 속에 계신 하느님을 찾으려면 우리도 그 비밀의 공간으로 들어가야 합니다. 이 영역은 우리 존재의 영적 차원을 가리킵니다. 직관적이거나 수동적인 우리의 지력과 하느님을 향한 의지가 작용하는 곳입니다. 참으로 기도하려면 자신의 내면으로 들어가야 합니다.

향심기도는 '어떻게 기도할 것인가'에 대해 예수님의 말씀을 적용하는 실제적 방법입니다. 자기 안의 골방을 향해 한 걸음씩 다가가면서, 세상에 대해(다른 사람의 요구에 대해서가 아니라 세속적 의미의 세상에 대해) 문을 닫는 것입니다. 그리고 (하느님 현존의 신비에 민감하게 해 주는) 내적 침묵 속에 하느님과 함께 머물도록 우리 자신을 동화시키는 실제적 방법입니다. 이로써 우리는 하느님 현존의 신비에 민감해질 수 있습니다. 골방으로 들어가는 것은 예수님이 제안하시는 기도의 한 방법이며, 향심기도는 이 제안에 대한 또 다른 해석인 것입니다. 무슨 일에든 설명이 필요한 현대인에게 적합한 방식이라 하지 않을 수 없습니다. 달걀 요리법, 타이어 교체법, 컴퓨터 사용법, 감기약 복용법 등 모든 분야에서 설명이 요구되는 시대입니다. 향심기도 역시 그런 설명법 중 한 가지로 보면 됩니다.

초대교회로부터 전해 내려오는 기도들을 표현하고 거기에 이르는 방법은 다양합니다. 이를테면 '믿음의 기도'가 있는데, 이것을 우리는 향심기도라고 부를 수도 있습니다. 다만 기도에 이르는 과정상 적용법이 약간 다를 뿐입니다.

성경의 골방은 포괄적 의미를 담고 있는데 일종의 패러다임, 곧 기도의 틀로 볼 수도 있습니다. 여러 시대와 문화와 환경에 따라 적절하고 다양하게 생성되고 표현되어 온 그리스도교 전통의 패러다임입니다.

우리는 그리스도교 전통의 다른 기도들에서 향심기도과 유사한 표현 양식을 발견하게 됩니다. 예를 들어 '단순한 바라봄의 기도'가 있습니다. 하느님은 언제나 우리를 사랑으로 바라보고 계시며 당신 사랑의 현존으로 우리를 감싸고 계시다는 점을 강조하는 기도입니다. 또 '단순함의 기도'가 있는데, 우리의 모든 사고와 행위를 절제하는 방식의 신비로운 기도입니다. 그중에서도 향심기도는 가장 수용적인 기도일 것입니다. 하느님의 현존에 머물며 그분이 우리 안에서 사랑으로 활동하시도록 스스로를 열어 드리겠다는 지향 말고는 아무것도 필요 없기 때문입니다.

둘째 단계에서는, 하느님의 현존과 활동에 동의하는 것이 중요합니다. 단지 정적이고 받들어 모시는 현존이 아니라, 침묵이라는 훌륭한 언어를 통해 다가오시는 하느님의 역동적 현존을 받아들여야 합니다. 하느님의 으뜸 언어는 침묵입니다. 가장 깊은 차원에서 하느님의 말씀을 들으려면 진실한 침묵 가운데 귀를 기울여야 합니다. 그때에야 비로소 하느님께 온전히 가슴이 열리고, 모든 것을 뛰어넘어 하느님 사랑의 현존에 주의를 기울이게 됩니다. 향심기도를 통해, 우리 존재 내면의 방을 가꾸어 가는 것입니다.

하느님의 현존은 언제나 우리에게 열려 있습니다. 그분은 말로써가 아니라(말이나 개념은 한정적이기 때문에) 우리를 살짝 밀어 주시는 행위를 통해, 우리의 모든 감각과 기능을 통해, 자연의 아름다움을 통해, 사람들의 선을 통해, 심지어 그들의 악을 통해서조차 우리에게 말씀하고 계십니다.

하느님은 모든 고통과 악의 밑바닥에도 현존하시며, 우리는 내면의 방에서 성장한 믿음의 눈을 통해 이를

꿰뚫어 볼 수 있습니다. 그리하여 하느님은 점차 우리 삶의 일부가 됩니다. 이 삼차원 세계에 일종의 사차원으로 존재하시는 셈입니다. 세례 때 우리에게 오시어 견진을 통해 굳건해지고, 성체를 모실 때나 골방에서 기도할 때 더욱 가까이 느낄 수 있는 성령의 도우심으로 우리는 모든 것을 확연히 깨닫게 됩니다.

마지막 단계에서는 하느님께서 얼마나 우리에게 가까이 계시는지, 또 다정하게 머무시는지를 직접 느껴야 합니다. 여기 한 쌍의 부부가 있습니다. 그들은 오랜 세월 사랑으로 함께 살아왔습니다. 자녀 문제, 파산, 가난, 질병을 비롯한 모든 어려움과 슬픔을 나누었습니다. 서로를 너무나 잘 알고 깊이 사랑하는 그들 사이에 이제 말은 필요 없습니다. 말없이 몇 시간이고 함께 앉아서 다만 자신의 현존을 상대에게 선사할 따름입니다. 나란히 앉아 석양을 바라보거나 음악을 듣는 순간을 누리기도 합니다. 그러다가 주의가 조금 산만해지면 "나 여기 있어요" 하는 의미로 상대의 눈을 바라보거나 손을 잡아 줍니다.

이렇게 침묵의 대화를 통해 친교를 이루는 움직임이 우리 내면의 방에서 일어납니다. 이것은 다른 모든 관계를 방해하기는커녕 오히려 돈독히 하고 그 차원을 높여 줍니다. 그렇게 함께 머무름으로써 침묵 가운데 전해지는 온전한 사랑의 선물을 체험하는 차원에 이르도록 향심기도는 우리를 도와줍니다.

2장 관상기도

1. 관상기도의 개념

향심기도에 대해 본격적으로 이야기하기 전에 관상기도를 먼저 살펴보겠습니다. 향심기도는 관상기도에 이르는 사다리이자 온전한 관상기도를 위해 존재한다고 해도 과언이 아닙니다. 그렇다면 '관상'은 무엇일까요?

그리스어로 관상*theoria*은 '하느님*Theos*을 보다*horao*'라는 어원을 가지고 있습니다. 이는 '모든 것 안에서 하느님을 바라보는 것'을 의미합니다.

관상기도는 세례의 은총과 렉시오 디비나에서 자연스럽게 발전해 왔습니다. 이는 염경기도나 일반적 묵상기도와 달리 직관의 기도라 할 수 있습니다. 관상은 인간의 모든 행동을 겸손하게 제어함으로써 하느님의 작용에 자신을 온전히 맡겨 드리는 것입니다.[28] 그리하여 내 안에 계신 하느님을 직관적으로 인식하고 사랑하게 됩니다. 다시 말해 내가 무엇을 하는 것이 아니라 하느님께서 하시도록 나를 내맡기는 것으로, 이 '내맡김'을 통해 하느님과의 일치가 이루어집니다. 여기에 이르는 데 있어 우리의 판단과 사고방식 따위는 아무런 영향을 미치지 못합니다.

흔히 기도라 하면 뜻을 언어로 표현해 전하는 것이라고 생각하지만 관상기도에는 언어적 표현이 필요 없습니다. 다만 내 안에 계신 성령께서 나를 살피시도록 침묵 중에 나 자신을 맡겨 드림으로써, 하느님의 현존을 느끼고 '하느님 안에서의 쉼'을 체험하는 것입니다.

그리스도교 영성사에서 관상이라는 말은 여러 의미로 쓰여 왔습니다. 그런데 어떤 경우라도 관상은 관상 그 자체를 목적으로 삼지 않습니다. 언제나 과정으로서 자리하는데, 여기서 핵심은 생각이 아니라 사랑으로 체득되는 하느님의 현존에 대한 깨달음입니다.[29]

십자가의 성 요한은 말합니다. "관상이란 사랑의 지식, 하느님께서 내리신 사랑겨운 지견으로서, 깨달음으로 영혼이 그 창조주 하느님께 한층 한층 올라가기

---

[28] 알렝 드레 『신앙의 신비』 정대식 옮김, 가톨릭출판사 1981, 69.
[29] 키팅 『마음을 열고 가슴을 열고』 27-28.

까지 영혼을 비춰 주며 사랑에 불타게 하는 것이다. 왜냐하면 오직 사랑만이 영혼을 하느님께 결합시켜 하나가 되게 하는 까닭이다."[30]

키팅 신부는 "관상이란 내적 변형interior transformation의 과정이며, 하느님께서 시작하신 대화이자 우리가 동의만 한다면 신성한 일치로 이끌어 주시는 대화"라고 말합니다.

자신의 한계에서 경험하게 되는 이 '감동의 정서'는 (생각하는 것이 아니라) 귀 기울여 듣고 집중하고 주의하도록 우리를 침묵으로 인도해 줍니다. 우리는 하느님께서 매우 가까이 계신 분이며, 우리보다 월등하시고 무한히 크신 분임을 압니다. 깊은 침묵 속에서 우리는 이 신비한 역설을 조화로이 받아들일 수 있습니다. 그리고 침묵 가운데 기도하면서 해방을 체험하게 됩니다. 그 해방은 우리 안에 계시는 하느님의 친밀하고도 초월적인 작용을 체험함으로써, 말이 지닌 왜곡과 한계에서 자유로워지는 해방입니다. 성령을 통해 이 해방을 체험한 사람이라면 누구나 바오로가 로마 신자들에게 전한 말의 의미를 알아들을 것입니다. "그러므로 형제 여러분, 우리는 육에 따라 살도록 육에 빚을 진

---

[30] 십자가의 성 요한 『어둔 밤』 최민순 옮김, 바오로딸 1994, 132.

사람이 아닙니다"(로마 8,12).

언어와 사고의 제한성에서 우리가 자유로워질 수 있는 것은 하느님 나라가 이미 다가와 있고 우리 안에 현존하기 때문입니다.[31] 결국 우리는 관상기도 안에서, 침묵의 진리를 통해 참자유를 체험하고 우리 안에 머무시는 하느님을 만나 모든 것을 맡겨 드리며 온전한 일치를 이루는 소중한 체험을 할 수 있습니다.

이때 고려해야 할 점이 몇 가지 있습니다. 기도에 들어가기 전부터 결과에 연연해서는 안 됩니다. 또 이미 끝난 기도를 되돌아보고 분석하거나 판단하지 말아야 합니다. 그리고 기도를 생활화하여 날마다 하느님을 만나야 합니다.

관상기도는 이론이 아니라 실제입니다. 공부가 아니라 수련이며, 지식이 아니라 체험입니다. 체험에서 오는 깨달음이 중요하다는 점을 알아야 합니다. 체험과 깨달음은 수련을 통해서 얻어지며, 수련 없이는 아무런 열매도 맺지 못합니다. 사막교부들이 책을 통해서가 아니라 기도 수련을 통해 깨달음을 얻고 성화되었다는 사실은 우리에게 좋은 귀감이 됩니다.

---

[31] 메인 『침묵으로 이끄는 말』 126-127.

2. 관상에 이르게 하는 기도들

여기서는 관상에 이르는 몇몇 기도와 방법, 그리고 수도자들의 기도 운동에 대해 소개하려 합니다. 이것은 우리의 의식을 하느님께로 향하게 하는 수련들로, 관상기도를 이해하는 데 도움이 될 것입니다. 특히 이 기도들에는 공통점이 있는데, 수도자들에 의해 시작된 기도라는 점입니다.

『무지의 구름』의 기도를 현대적으로 발전시키고 체계화한 '향심기도', '그리스도교 묵상', '예수기도', '반추기도' 등의 기도 운동들은 하나같이 수도승 문화의 산물이라 할 수 있습니다. 지나치게 복잡해지고 기교화된 현대의 기도 운동에 비해, 이런 기도 운동은 매우 단순합니다. 현대의 묵상법이 지적이고 추론적인 면을 강조하는 데 반해 이런 기도 운동은 인간 지성보다는 정적이고 고요한 마음을 강조합니다. 이 기도들에는 한 단어나 문장을 선택해 끊임없이 '떠올리거나' '반복하는' 공통점이 있습니다.

이 밖에도 관상기도로서 제시되는 방법이 많이 있습니다. 예수님의 가르침대로 세속에 대한 관심에서 벗어나(골방에 들어감) 자신의 사고와 감정에 초연해짐으로써(문을 닫음) 자아가 자신의 내면, 즉 영적 차원(보이지 않는 하느님과 만나는 곳)으로 들어가도록 도와주는 방법들입니다. 결국 어떤 기도든지 영혼이 세속을 떠나 깊은 내적 침묵으로 들어가게 해 준다면 그것이 바로 관상기도입니다.

　모든 기도는 하느님께로 가까이 가도록 인도해 줍니다. 기도하는 사람은 가슴이 열리고 지혜로워지며 하느님을 알게 됨으로써, 마침내 성령의 열매를 맺는 삶을 살 수 있습니다. 가슴으로 기도하는 사람은 관상적인 사람이 됩니다. 기도가 관상적이려면 '가슴'에서 나와야 하는 것입니다. 가슴을 열지 않고 입과 머리로만 하는 기도는 결코 관상기도가 아닙니다. 이 점이 중요합니다. 관상기도는 성령의 이끄심으로 이루어지는 가슴의 기도, 영혼의 기도인 것입니다.

3장 렉시오 디비나 관계로서의 기도

"읽으면서lectio 찾아라. 그러면 묵상meditatio으로써 찾아낼 것이다. 기도하면서oratio 불러 보라. 그러면 관상contemplatio으로써 열릴 것이다."[32]

1. 수도승 전통에 따른 렉시오 디비나

초대교회 때 수도원에서는 대개 성경을 읽으면서 기도했습니다. 성경은 그리스도를 만나는 가장 확실한 길입니다. 초기 그리스도인들은 성경을 읽고 묵상하고

---

[32] 십자가의 성 요한 『소품집』 대전 가르멜 여자 수도원 옮김, 분도출판사 1977, 43.

기도하면서 그리스도의 신비에 빠져 들었습니다. 그렇게 그들은 '하느님 안에서의 쉼', 즉 관상으로 들어가곤 했습니다. 이 과정을 '렉시오 디비나'라고 하며, 성 베네딕도 수도회에서는 설립 초기부터 렉시오 디비나를 수도생활의 중심으로 삼아 오고 있습니다. 렉시오 디비나로 하느님과의 관계가 발전하게 되는데, 인간관계에서와 마찬가지로 하느님과의 관계도 단계를 거쳐 가며 발전합니다.

렉시오 디비나는 수도원에서 행해지던 개인적 수련법입니다. 성경을 읽다가 마음에 와 닿는 구절이나 단어를 마음에 품고 하루를 지내는 것입니다. 성경 구절이나 단어를 마음에 품고 지내는 것은 예수님을 품고 지내는 것이기에 이것이 바로 관상적 삶이 됩니다. 복음적 삶이 바로 관상적 삶이 되는 것입니다. 오로지 성령의 인도에 따르는 것을 원칙으로 하면서 관상에 이르게 하는 기도 수련이 바로 렉시오 디비나입니다.

렉시오lectio는 '읽다'라는 뜻이고, 디비나divina는 '신적인, 신성한, 영적인, 하느님의, 거룩한'이라는 뜻입니다. 신적 독서, 거룩한 독서, 신성한 독서, 영적 독서, 성독聖讀 등 여러 가지로 번역되지만, 「베네딕도 수도 규칙」을 따르는 모든 수도원에서는 지금까지도 라틴어 그대로 '렉시오 디비나'라고 합니다.

렉시오 디비나는 초대교회의 평신도와 수도자들에게 권장되었습니다. 이는 글자 그대로 '성경을 읽음', 더 정확히 말하면 '성경을 경청하는 방식'입니다. 수도자들은 성경의 하느님 말씀을 읽고 묵상하며 이 묵상한 말씀에서 고무 받은 열망으로 하느님 현존 안에 머무름으로써, 관상기도로 향하는 일련의 과정을 실천할 수 있다고 여겼습니다. 이것이 중세의 수도원에서 행한 렉시오 디비나의 양식입니다.[33]

또한 렉시오 디비나는 예수님께서 우리에게 하시는 말씀에서 그 근본 관계를 찾을 수 있습니다. "나는 너희를 더 이상 종이라고 부르지 않는다. … 나는 너희를 친구라고 불렀다"(요한 15,15). 전능하신 하느님 당신께서, 모든 피조물의 주님이신 당신께서 하시는 말씀입니다. 주님께서는 우리를 '친구'라고 부르십니다. 친구란 모든 것을 나눌 수 있는 사람, 완전한 친교와 의사소통이 가능한 사람입니다. 주님이라는 이 거룩한 친구와 나누는 의사소통의 길은 쌍방 소통의 길이 되어야 합니다. 이것이 렉시오 디비나의 정체입니다. 이 거룩한 친구가 영감 어린 당신 말씀을 통해 우리에게 말을 거시도록 자신을 열어 드리는 것입니다.

---

[33] 키팅 『마음을 열고 가슴을 열고』 48-49.

렉시오 디비나는 '하느님'이라는 대단히 특별한 친구를 만나는 것입니다. 진정으로 귀 기울여 그분의 말씀을 듣는 것, 그리고 그 말씀이 우리 삶의 모양을 잡아가도록 친밀한 기도를 통해 자신을 열어 드리고 내드리는 것입니다. 렉시오 디비나의 전통은 거룩한 교회의 가장 오랜 전통 가운데 하나임이 분명합니다. 우리에게 오시는 분은 말씀이십니다. 말씀은 사도들을 키우시고 우리 모두를 생명의 말씀인 복음으로 인도하도록 그들을 파견하셨습니다. 말씀은 가장 인간적인 방법으로 우리에게 오시는 하느님입니다.

앞서 말했듯이 '렉시오'라는 말을 번역하면, 간단하게 '독서'라고 할 수 있습니다. 그러나 렉시오는 단순한 독서 이상의 뜻을 지니고 있습니다. 아무런 읽을거리 없이도 렉시오는 가능합니다. 여러 세기에 걸쳐 렉시오는 하느님의 말씀을 듣는 것 이상의 의미를 지녀 왔습니다. 이 '듣기'에는 여러 형태가 있습니다. 가장 보편적인 것은 그리스도인이 교회에서 하느님의 말씀을 듣는 것, 전례 중에 말씀의 선포를 듣는 것입니다. 교회 말고도 수도 공동체에서, 또는 수도 공동체와 관계있는 사람들이 수도원에서 식사하는 중에, 참사회 총회 중에, 그리고 끝기도 전에 회랑에서 행해지는 부속 독서를 통해 유익을 얻을 수도 있습니다. 글을 읽을 줄

알거나 읽을거리를 구할 수 있었던 사람들은 좀 더 개인적인 독서를 했습니다. 교회의 처음 천 년 동안은 이 독서가 주로 말씀을 듣는 것이었다 해도 과언이 아닙니다.

오늘날까지도 전통 유다교나 모슬렘 공동체의 연학실에 들어가 보면 학생들이 교재를 소리 내어 읽고 리듬을 타며 몸을 흔들고 있는 것을 보게 됩니다. 이와 같은 소리와 움직임이 묵상에 도움이 됩니다. 렉시오를 할 때도 소리 내어 읽으면 도움이 될 것입니다. 눈으로만 보지 말고 입술과 혀로 소리 내어 말하면서 그 소리를 귀로 들으려 애써 볼 필요가 있습니다.

렉시오는 하느님의 말씀을 경험으로 듣는 행위입니다. 특정한 경청의 맥락에서의 듣기입니다. 현존하는 인격에 귀 기울여 듣는 것입니다. 하느님께서는 당신 말씀 안에 사십니다. 말씀은 거룩한 현존입니다. 말씀은 다른 이의 입술을 통해, 가령 성당이나 성경 공부반의 독서자를 통해, 또 우리 자신의 입술을 통해 흘러나오지만, 그 말씀을 하시는 분은 하느님이십니다. 당신 자신을 현존케 하시되 대개 연인들이 그러하듯 사랑을 나누어 줌으로써 그렇게 하시는 것입니다.

우리가 신앙의 힘을 받아 렉시오를 하게 된다면 하느님께서 우리에게 내리쏘시는 말씀에 채널을 맞추게 될 것입니다. 그 말씀이 우리 앞에 놓인 인쇄된 종이에서 나온 것이든, 독서자의 목소리를 통해 나온 것이든, 머릿속 상상의 한 장면이든, 내적으로 울려 나오는 것이든 말입니다. 렉시오를 위해 우리 앞에 반드시 책이 놓여 있을 필요는 없기에 시각 장애인도 충분히 할 수 있습니다. 다만 우리의 내적 태도는 하느님께서 말씀하시는 바를 듣는 능력에 따라 차이가 많이 납니다.

근육이 적절한 훈련을 통해 단련되는 것처럼, 거룩한 분께서 나누고자 하시는 바를 듣는 능력도 확장될 수 있습니다. 근육과 마찬가지로 이 능력 역시 하느님께 받은 선물이며 우리의 협력이 필요한 것입니다. 이 능력에는 믿음, 겸손, 열린 마음 등이 포함됩니다.

바오로가 말했듯이 믿음은 경청을 통해 완성됩니다. 우리는 이러한 실제 경험을 통해, 바오로처럼 "내가 누구를 믿는지 잘 알고 있으며 …"(2티모 1,12)라고 말하는 깊은 차원에까지 이르게 되는 것입니다.

우리 안에 믿음이 살아 움직이도록 하기 위해서는 겸손을 간직하는 것이 중요합니다. 이것은 실제를 온전히 수용하는 행위입니다. 우리는 아는 바를 알고 있으나 아주 잘 알지는 못합니다. 또한 우리가 알지 못하는 바를 알 수도 있고 의외로 많이 알고 있기도 합니다. 그리고 알지 못한다는 것조차도 알 수 없는 무한이

저 너머에 존재한다는 사실을 받아들입니다. 우리의 정신과 마음, 감정과 정서, 신체와 영혼 모두가 하느님께서 우리에게 주신 것을 듣고 있고, 주시는 분만이 모든 것을 채워 주실 수 있음을 우리는 알고 있습니다.

열망과 욕구에 가득 찬 우리는 허기지고 목마른 상태로 경청에 임합니다. 그리고 전능하신 하느님께서는 우리에게 아주 좋은 일을 해 주십니다. 좋은 것들로 우리의 허기를 달래 주시고 영적 갈망을 채워 주십니다. 이때 무엇보다 필요한 것이 열린 마음입니다. 진정한 현존을 정신 바짝 차리고 듣는 것입니다. 이 순간 가능한 모든 것에 마음을 여는 것입니다. 우리는 위격을 가지신 한 분, 거룩하신 분, 나를 사랑하시고 나를 위해 놀라운 계획을 세우신 하느님을 만나 뵙고 있습니다. 그러나 그 순간조차도, 당신이 우리에게 주신 가장 위대한 선물은 바로 자유임을 그분은 알고 계십니다.

2. 렉시오 디비나의 단계

그리스도인의 기도는 성경의 하느님 말씀과 예수 그리스도의 인격에 뿌리를 두고 있습니다. 하느님께서는 무조건적 사랑으로 우리와의 관계를 이끌어 가십니다. 친밀이 성장하는 과정을 통해 관계가 발전하는 것입니다다. 이것을 인간적 사랑의 과정과 비교해 한번 살펴보겠습니다.

우리가 사람을 사귈 때 첫 만남에서는 대개 간단한 정보만 얻습니다. 이때는 일단 형식적으로 만납니다. 그러다가 마음에 들거나 어쩐지 느낌이 좋으면 계속 만나 우정을 쌓게 되는데 여기서부터 대화가 이루어지고 자연스런 관계가 전개되어 갑니다. 그리고 그들은 '친구'가 됩니다. 친구가 된다는 것은 서로에게 충실하고 헌신하면서 자신의 모든 것을 노출해도 부끄럽지 않은 사이가 됨으로써 깊은 연대감을 형성하는 것입니다. 그런 만남이 계속되어 친밀한 사랑의 관계로 이어지는데, 이때부터는 많은 말이 필요 없습니다. 그냥 함께 있고 싶고, 말이 없어도 편안함을 느끼게 됩니다. 눈빛만 보아도 상대에게 무엇이 필요한지 읽을 수 있습니다. 눈빛, 간단한 말이나 몸짓만으로도 상대의 필요를 알아차리는 매우 친밀한 사랑의 관계에 다다른 것입니다.

하느님과의 사랑도 인간관계의 발전 과정에 빗대어 설명할 수 있습니다. 인간관계의 첫 만남에서처럼, 우선 그리스도를 만나야 합니다. 그 만남은 바로 하느님의 말씀인 '성경'을 읽는 것입니다. 그다음 단계는 인간관계의 우정에 해당하는 '묵상'입니다. 그리스도와 나누는 대화의 기초로서 하느님의 말씀을 묵상하는 것입니다. 그다음에는 인간관계에서 친구가 되는 것처럼 하느님과 '사귀는' 사랑의 관계, 하느님 말씀에 사랑과 흠숭과 청원 등의 자발적 행위로 응답하는 관계로 발전하게 됩니다. 그러고 나서 마지막으로 친밀한 사랑의 관계에 이르러, 하느님 사랑 안에서 쉬는 단계, 곧 관상의 상태에 들어갑니다. 침묵과 기쁨 가운데 하느님의 말씀과 동화되어 사랑이 깊어지는 단계입니다. 이것을 표로 살펴보겠습니다.

인간적 사랑의 과정	하느님 사랑의 과정
첫 만남: 정보를 취함. 형식적.	읽기: 그리스도와의 만남. 하느님 말씀 읽기.
우정 형성(사귐): 대화적, 비형식적.	묵상: 그리스도와의 대화의 기초로서 하느님 말씀 묵상.
친구가 됨: 충실, 헌신, 자기 노출, 연대.	응답: 하느님 말씀에 대해 사랑, 흠숭, 청원 등의 자발적 행위로 응답.
사랑의 합일: 친밀, 승복(간단한 말과 몸짓으로 충분함).	관상기도 안에서 쉼: 침묵과 기쁨 가운데 하느님 말씀과 동화됨.

이렇듯 렉시오 디비나는 그리스도와 우정을 키우는 가장 전통적인 방법입니다. 성경에 귀 기울임으로써 그리스도께서 우리에게 하시는 말씀을 알아듣는 것입니다. 매일같이 그리스도를 만나고 그 말씀을 사색하다 보면, 그저 아는 관계를 넘어 우정과 신뢰와 사랑의 관계로 그분은 우리를 이끌어 주십니다.[34]

향심기도에서는 렉시오 디비나의 마지막 단계에 주목합니다. 오늘날에는 많이 잊혀진 단계입니다. 향심기도는 렉시오 디비나의 앞의 세 단계에서 마지막 단계인 '하느님 안에서의 쉼'으로 옮겨 가는 것을 도와주는 한 방법입니다.[35] 다시 말해 향심기도는 렉시오 디비나를 더욱더 심화해 완성 단계에 깊이 도달하게 해 줍니다. 이렇듯 렉시오 디비나와 밀접한 관계가 있지만, 향심기도가 렉시오 디비나의 한 부분은 아닙니다.

향심기도는 그 자체로 수련이자 관계입니다. 우리가 그리스도와의 근본 관계를 '하느님 안에서의 쉼'으로 완성하도록 지향하는 독자적 기도법입니다.[36]

---

[34] 같은 책 195.
[35] 같은 책 48-49.
[36] 키팅 『하느님과의 친밀』 155-156.

4장 향심기도의 신학적 접근

1. 내 안에 현존하시는 삼위일체 하느님

성경과 그리스 교부들의 영성 전통에서 '비움'은 구도자의 길입니다. '비움'은 심리적 의미의 정화나 이상理想이 아닙니다. 하느님의 구원 여정에서 삼위일체 하느님과 성령, 예수 그리스도께서 걸어가셨던 비움의 삶을 그대로 살아가는 것입니다.

내가 비우는 것이 아니라, 비움의 원형인 하느님과 예수 그리스도와 성령 안에서 하느님을 닮은 신화神化(*theosis*)된 존재로서 살아가는 것입니다. 그러면 주님께서 우리를 비우시고 우리는 충만해집니다. 향심기도는 이렇듯 나를 비우고 내 안에 현존하시는 삼위일체 하느님과 완전한 일치를 이루어 가는 수련입니다.

삼위일체 교리에 드러나는 비움의 유형은 이러합니다: 아버지의 비우심은 결국 삼위일체 안에 표현된 영원한 말씀의 활동 안에서 당신의 고유한 특성을 드러내십니다. 다시 말해 아버지는 성령을 통해 당신 스스로를 아들에게 부어 주십니다. 그렇기 때문에 아버지와 아들은 분리되실 수 없다고 말하는 것입니다.

삼위의 상호 내재circuminsessio(아버지는 아들과 성령 안에, 아들은 아버지와 성령 안에, 성령은 아버지와 아들 안에 살아 계심)라는 교리의 전통적 신학에서, 아버지는 자신 안에가 아니라 아들 안에 살아 계십니다. 아들은 완전하고 자유로이 자신에게 넘겨진 이 엄청난 선을 맞아 그것을 끌어안음으로써 자신을 다시 아버지께 돌려 드립니다. 어떤 교부들은 이를 아버지와 아들의 '달콤한 입맞춤'이라고 표현했습니다. 성령은 아버지와 아들의 사랑, 즉 그분들이 공유하는 가슴입니다. 삼위일체 안에 자아는 없고 자아 포기만 있을 뿐입니다. 모든 것이 선물이며 사랑입니다.[37]

같은 맥락에서 삼위일체 하느님과 관계를 맺는 우리의 응답도 완전한 자아 포기, 비움의 방식으로 이루어져야 한다는 필연성이 제기됩니다. 따라서 우리가 향

---

[37] 키팅 『마음을 열고 가슴을 열고』 193-194.

심기도를 할 때 아무것도 하지 않는 것처럼 보일지라도, 실은 가장 중요한 것을 하고 있음을 인정해야 합니다. 향심기도를 하는 바로 그 순간 우리는 참된 자아를 형성하기 위해 몰두하게 됩니다. 거짓자아를 비워 냄으로써 내 안에 현존하시는 삼위일체 하느님과 맞닥뜨리는 귀중한 체험을 하게 되는 것입니다.

이렇듯 이제 우리의 기도는 머나먼 우주에 계신 신에게로 향할 것이 아니라 우리 안에 계신 하느님, 우리가 아는 것보다 더욱 우리에게 가까이 계신 하느님께로 향해야 합니다.[38]

향심기도의 원천은 우리 안에 내재하시는 삼위일체이십니다.[39] 우리 안에 계신 하느님의 생명에 그 뿌리를 둡니다. 이것의 신학적 배경은 오순절의 은총에서 살펴볼 수 있습니다. 오순절의 은총으로 그리스도께서는 우리 각자 안에 깨우침을 주시는 분으로서 언제 어디에나 계십니다. 그분은 살아 계신 주님으로서 언제나 우리 안에 거하시기 위해 성령을 보내 주셨고, 기도와 활동 중에 성령의 열매와 참행복을 경험하고 드러내도록 힘을 주심으로써 우리가 당신의 부활을 증언하게 하셨습니다.[40] 그리고 오늘날 세례성사를 통해 성

---

[38] 안토니 블룸 『기도의 체험』 김승혜 옮김, 가톨릭출판사 1999, 59.
[39] 키팅 『하느님과의 친밀』 192-197.

부, 성자, 성령 지극히 거룩한 삼위께서 온전하게 우리에게 오십니다. 이로써 우리는 비로소 당신의 전권을 성자를 위해 내주시는 성부와, 자신의 목숨을 바쳐 죽기까지 아버지의 뜻에 승복하는 성자, 이 두 존재의 사랑의 증거자이신 성령의 그 깊은 상호 존중과 자유와 연대의 관계성에 참여하게 됩니다.

삼위일체 하느님의 생명이 우리 안에 머물러 계심을 알려 주는 표지는, 하느님에 대한 우리의 간절한 소망에 일차적으로 나타나 있습니다. 향심기도는 우리 안에서 활동하시는 바로 이 하느님의 생명에서 나옵니다. 향심기도는 삼위일체 하느님의 생명과 일치를 이루는 관계의 심층으로 나아가는 길로서, 이는 성부에게서 파견되어 오시고 성령을 보내신 분으로서 우리 생명의 원천이 되시는 그리스도와의 실존적 관계에서 비롯됩니다. 우리는 향심기도를 통해, 우리 안에 계신 거룩한 생명과 자신을 연결 짓게 됩니다.

향심기도에서 하느님은 당신 자신을 내주시는 생명의 동반자로 우리와 함께 계십니다. 여기서 우리는 다음 주제인 향심기도의 초점에 이르게 됩니다.

---

[40] 키팅 『마음을 열고 가슴을 열고』 195.

2. 향심기도의 초점인 그리스도

향심기도의 신학적 기초는 원천·초점·효과의 측면에서 접근할 수 있습니다. 향심기도는 우리 안에 현존하시는 삼위일체 하느님을 원천으로 하고, 인류의 구원을 위해 우리를 찾아오신 그리스도께 철저히 귀 기울이는 데 초점을 맞추며, 교회의 생명을 길러 내는 효과를 기대합니다. 이 가운데 특히 향심기도의 초점이, 우리 가슴속에서 나날이 부활하시고 그리스도인 공동체에 늘 함께 계시는 영광된 그리스도, 살아 계신 그리스도와의 관계를 깊이는 데 있음을 주지해야 합니다.

하느님이 누구이신가를 가장 온전히 드러내 준 파스카 신비를 매개로, 마음속에 계신 거룩한 분께 기도 중에 다가갈 때, 우리는 그리스도와 깊은 내적 관계를 형성하게 됩니다. 특히 우리 안에 계시는 성령은 하느님의 크신 사랑을 깊이 깨닫게 해 주십니다.[41]

향심기도를 통해 우리는 그리스도의 고난과 죽음과 부활의 신비를, 우리 밖에서가 아닌 내면에서 일어나는 것으로 깨닫고 동의해 갑니다. 그럼으로써 우리 자신의 고유한 십자가, 즉 상처와 한계, 성격적 결함, 상

---

[41] 키팅 『하느님과의 친밀』 197-198.

처 입은 어린 시절, 고유하게 경험한 인간 조건의 고통들을 그리스도의 마음으로 받아들이며 그분과 함께 나누게 되는 것입니다.[42]

3. 향심기도의 신학적 원칙

향심기도의 신학적 원칙을 '관상 지원단 사명 선언문'을 통해 몇 가지 살펴보겠습니다: 복음의 관상적 차원은 살아 계신 그리스도와의 일치, 그리고 거기서 흘러나오는 다른 사람들에 대한 실제적 돌봄을 통해 드러납니다. 또한 향심기도는 내 안에 현존하시고 활동하시는 하느님께 동의하라고 부르시는 성령께 대한 응답입니다. 우리를 관상기도로 이끄는 여느 방법과 마찬가지로 향심기도의 원천은 내재하시는 삼위일체이며, 기도의 초점은 살아 계신 그리스도와 우리의 관계를 깊이는 데 있습니다. 그리고 그 열매는 믿음의 교회 공동체를 형성하고 구성원들을 사랑으로 연대하는 것입니다.

---

[42] 같은 책 200.

5장 향심기도의 심리학적 접근

1. 인간 조건

인간에 대한 그리스도인의 이해는 하느님의 모습을 닮은 현존재에 대한 인식에서 출발합니다. 늘 하느님과 함께 살아가는 관계론적 존재로서, 우리는 자신의 부족함 때문에 때로는 넘어지고 상처를 주고받으며 하느님의 모상이라는 본모습을 잃을 때도 있지만, 언제나 그리스도 안에서 성령을 통해 제 모습을 회복하곤 합니다.

하지만 오늘날 우리는 하느님을 닮은 본모습을 제대로 들여다보기보다는 의식 표면에서 일어나는 일들에 더욱 관심을 두며 살아갑니다. 주변에서 일어나는 일들, 의식에 떠오르는 생각들, 미움·슬픔·분노 같은 감정들, 장래 계획, 과거의 기억과 상처, 가치관과 목표 따위의 의식 표면을 지나가는 생각과 감정들에 연연합니다. 표면적 의식의 지배를 받으면서 살아가는 것입니다. 지나가는 것에 불과한 생각과 감정에 얽매여 살아가는 한, 나의 존재 가장 깊은 곳에 계시는 하느님을 향해 나아갈 수 없습니다.

요한 카시아누스는, 우리가 진정으로 기도하려면 세속에 대한 관심에서 떠나고 표면적 의식, 즉 생각과 감정에서 떠나고 하느님에 대한 생각과 관념에서 떠나야 한다고 말합니다. 세속에 대한 관심에 얽매이고 의식 표면을 지나가는 생각과 감정에 붙잡혀 사는 한, 하느님과 일치하는 길로 나아갈 수 없습니다. 이런 것들에서 떠날 때 하느님이 현존하시는 내면의 의식 깊은 곳으로 들어갈 수 있습니다. 이렇게 세속적 관심과 자신의 생각과 감정에서 떠나도록 도와주는 기도가 바로 향심기도입니다.

하느님과 참으로 일치하는 상태는 아담과 하와가 하느님을 거역하는 잘못을 저지르기 전의 마음 상태입니다. 그들은 하느님과 분리되었음을 알아차리자마자 숲으로 들어갔습니다. 그때까지 하느님과 누리던 친밀과 일치, 사랑의 관계를 잃어버린 것이 너무나 고통스러웠기에 그들은 숨을 수밖에 없었습니다.

아우구스티누스에 따르면, 원죄는 세 가지 결과를 낳았습니다. 첫째, 우리가 어디서 행복을 찾아야 하는지 모르는 '무지'입니다. 둘째, 잘못된 곳에서 행복을 찾고 있는 '탐욕'입니다. 셋째, 행복을 어디서 찾아야 하는지 알면서도 그것을 추구하지 못하는 '나약'입니다. 결국 '인간 조건'Human Condition이란 말은 이 전통적 원죄 상태와 그 결과를 가리키는 말로, 오늘날 우리에게도 그대로 적용됩니다. 오늘날 이런 인간 조건의 상황들이 행복의 진정한 원천인 하느님 현존을 경험하지 못하도록 가로막고 있습니다.[43]

인간 조건에 직면한 우리는 이제 "너 어디에 있느냐?" 하고 물으시는 하느님의 부르심에 응답할 수 있어야 합니다. 그 응답은 의식의 표면이 아닌, 한층 깊은 내적 자아 성찰을 통해서 이루어져야 합니다.

2. 참자아와 거짓자아

향심기도를 통해 하느님과 일치하려면, 지금 우리 모습을 돌아보는 자각과 반성이 선행되어야 합니다. 오늘날 우리가 어떤 문제에 직면하고 있는지, 그 문제 앞

---

[43] 키팅 『인간 조건』 엄무광 옮김, 성바오로 2002, 15-19.

에 어떤 모습으로 서 있는지, 우리 신앙생활은 어떤지, 그리스도인으로 살아간다는 것은 어떤 의미인지 등을 거듭 확인함으로써, 새삼 우리 자신을 일깨우고 되새겨 참된 통회와 회개의 길로 나아가야 할 것입니다.

21세기의 위기 현상을 셋으로 간추려 보겠습니다.

첫째, 자연종교의 확산입니다. 인간의 무분별한 자연 개발, 이른바 자연 정복은 우리에게 생태계 위기의 경각심을 불러일으켰습니다. 자연은 더 이상 인간의 정복 대상이 아니기에, 인간은 자연과 더불어 조화를 이루어야 한다는 풍조가 강하게 일어나고 있습니다. 이런 풍조는 자연을 신성시하는 세계관으로 이어지고, 이 세계관은 다시 계시종교를 배척하고 자연종교를 확산시키기에 이르렀습니다.

둘째, 유사 영성 운동의 범람입니다. 유사 영성 운동은 개인의 육체적·정신적 건강과 평안을 위해서라면 어떤 방법도 동원할 수 있다는 새로운 종교 운동입니다. 여기에 쉽게 빠져 든 일부 가톨릭 신자(성직자, 수도자, 평신도)들은 초월 명상이나 선, 기공(氣功), 요가 등을 통해 하느님 구원의 손길을 체험할 수 있다고 믿습니다. 한마디로 이것은 만물에 신성이 깃들어 있다는 범신론적 종교심입니다. 여기에는 예수 그리스도의 십자가와 부활 신앙을 부정하는, 감각적이고 열광적인 신비체험에만 몰입할 위험이 도사리고 있습니다. 이런 현상들에서 인격적 하느님 모습을 찾아보기란 힘들고, 더욱이 말씀을 통해 인간과 대화하시는 하느님은 상상조차 할 수 없게 됩니다.

셋째, 포스트모더니즘postmodernism입니다. 인간의 본능과 감각을 충족시키는 그것이 바로 진리이고 선이며 아름다움이라고 주장하는 포스트모더니즘은 그리스도교의 전통과 권위를 흔들고 있습니다. 한마디로 포스트모더니즘은 그리스도교의 절대적 가치 기준을 무시하고, 감성에 충실한 것은 모두 선하다는 상대주의적 가치 기준에 기초를 두고 있습니다.

이 세 현상이 그리스도인들의 정체성을 혼란시키고, 융합과 통합이라는 명분을 앞세워 혼합주의적 사고방식을 낳았습니다. 선과 악, 진리와 거짓의 경계를 허물어 버리고, 가톨릭교회의 오랜 전통을 한낱 빛바랜 보수주의 성향으로 치부해 버리는 것입니다.[44] 이런 위기 상황에서 신앙생활을 재정비하기 위해 우리의 삶을 다시 한 번 되짚어 보아야겠습니다.

신앙인으로서 행복한 삶을 살아야겠는데 실제 우리

---

[44] 교황청 문화 평의회와 교황청 종교 간 대화 평의회 「생명수를 지니신 예수 그리스도 — '뉴에이지'에 관한 그리스도교적 성찰」 『가톨릭교회의 가르침』 26, 한국천주교중앙협의회 2004.

의 상황은 그렇지 못합니다. 탐욕, 두려움, 호기심 때문에 피상적으로만 살고 있습니다.[45] 자연, 사물, 사람, 하느님까지도 있는 그대로 보지 못할뿐더러 사람마다 보는 눈이 다르기도 합니다. 교육에 따른 이해와 지식, 경험, 교리 지식들이 오랜 시간 쌓여 '나'를 형성해 왔고, 이를 통해 내 스스로 보고 판단하는 시야의 독재성이 생겼기 때문입니다. 그림으로 살펴보겠습니다.

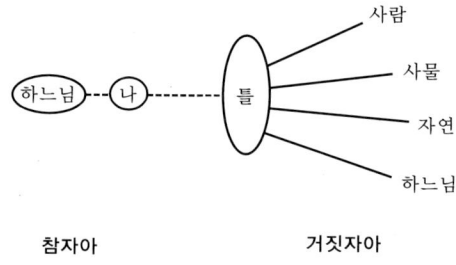

이 틀이 부서져야 있는 그대로 볼 수 있게 됩니다. 향심기도에서는 이 틀을 '거짓자아'false self라고 부릅니다. 그런데 틀을 부수려면 무엇보다도 먼저 하느님께 자신을 온전히 비워 드려야 합니다. 이 비움에 동의하면서, 하느님께 나를 비워 드린다는 지향으로 머무는 것이 바로 기도입니다.

---

[45] 블룸 『기도의 체험』 76.

이 비움의 순간이야말로 하느님을 찾을 수 있는 유일한 순간입니다. 거짓자아를 비우고 하느님과 일치함으로써 '참자아'true self에 이르게 됩니다. 묵상 중에 우리는 할 수 있는 한 온전히 현재(지금)에 머무르려 하고, 지금 이 순간 부활하시어 영원히 사랑하시는 주 예수님과 온전히 함께 살고자 합니다. 행복은 현재에 있고, 하느님도 바로 '지금 여기'에 계십니다. 순간순간 충실하게 사는 사람은 있는 그대로 살아갑니다. 지금, 현재, 여기에 사는 것이 행복이기 때문입니다. 이 초연함은 우리로 하여금 희망을 버리거나 안주하게 하는 것이 아니라, 현재의 순간을 사는 능력을 키워 주면서 하느님과 일치를 이루어 행복한 삶을 살아갈 수 있게 합니다. 이것이 바로 신앙의 지혜이자 행복으로 초대받은 삶을 사는 것입니다.

하느님과의 일치에 충실한 사람에게는 두 가지 특징이 있습니다.

첫째, 모든 면에서 하느님께 감사합니다. 사고를 당하거나 사업이 어려워지는 고통을 겪을 때조차 감사하는 마음으로 받아들이려 노력합니다.

둘째, 삶에 여유가 있습니다. 이들은 여유롭고 그 무엇에도 집착하지 않습니다. 모든 것은 하느님으로부터 거저 받은 선물이며 처음부터 자기 것은 없었음을 알기에 세상살이에서 많은 것을 잃어버려도 여유만은 잃지 않습니다.

하느님 중심의 신앙생활을 함으로써 이토록 행복한 삶에 초대받을 수 있는데 왜, 무엇을 망설이겠습니까? 바로 이 행복의 길로 인도해 주는 기도 운동이 향심기도인 것입니다.

인간은 참자아와 거짓자아 사이에서 끊임없이 갈등하는 존재입니다. 우리 내면에서는 두 자아가 늘 대립하고 있습니다. 참자아는 모든 인간을 창조하신 하느님의 모상이자, 우리의 개별성을 견지하는 가운데 하느님의 거룩한 생명에 참여하는 자아라고 키팅 신부는 말합니다. 그가 체계화한 향심기도에서 기본적 선goodness의 핵심은 우리의 참자아이며, 그 무게중심은 하느님이십니다. 이 기본적 선을 받아들임으로써 영적 여정에서의 도약이 이루어집니다. 우리의 참자아는 하느님과 분리되어 있지 않습니다. 우리는 하느님이 아니지만, 하느님 당신이 우리를 당신과 닮게 하심으로써 우리의 참자아가 풍요로운 창조와 생명에 참여할 수 있는 근원적 가능성을 열어 주셨습니다.

반면 거짓자아는 하느님의 모습이 아니라 자신이 만들어 낸 모습입니다. 어린 시절, 정서적 충격으로 인한 방어기제 형태로 만들어진 자아상입니다. 이 자아는 생존과 안전, 애정과 존중, 힘과 지배라는 본능적 욕구를 만족시키는 데서 행복을 찾으려 하고 문화적 집단 정체성에 자기 가치의 기초를 둡니다. 거짓자아는 삶을 불행에 빠뜨리는 가장 큰 요인입니다.

거짓자아가 없다면 우리는 언제나 행복하고 기쁘게 살아갈 수 있을 것입니다. 거짓자아는 인간 사이에 만연해 있는 영적 질병입니다. 아담과 하와가 지은 원죄의 결과로 보는 사람들도 있습니다. 인간 대부분은 자기도 모르는 사이에 거짓자아의 지배를 받고 거기에 매달려 살아가고 있습니다. 심지어 거짓자아에 집착하면서 그것을 섬기며 사는 사람도 있습니다.

우리를 불행하게 만드는 거짓자아, 영적·심적 질병에서 해방되는 것이야말로 그리스도인이 나아가야 하는 정화와 성화와 성숙의 방향입니다. 이렇게 거짓자아에서 해방될 때 우리는 비로소 하느님을 만나 그분과 일치하는 길로 나아갈 수 있습니다.

그리스도의 복음은 바로 이 점을 가르치고 있습니다. 하느님과의 일치로 향하는 과정을 변형에 이르는 일치 또는 변형적 일치라고 부릅니다. 다시 말해 우리는 거짓자아에서 해방되어 하느님께서 우리에게 심어 주신 참자아로 부활하면서 하느님과의 변형적 일치를 이룰 수 있습니다. 향심기도는 거짓자아에서 해방되도록 우리를 도와주면서 관상의 선물을 받아들일 수 있도록 심적·영적 기능을 준비시켜 주는 가장 쉬운 수련법입니다.

3. 향심기도의 네 순간

처음에는 미미하게 시작된 관상기도가 점차 우리의 무의식을 열어 주는 단계에 이르게 됩니다. 잊고 있거나 억압해 두었던 고통스러운 기억들이 의식에 떠오릅니다. 어린 시절에 경험한 뒤로 그 보상을 꾀해 왔던 원시적 감정들을 의식하게 만듭니다. 이런 쓰라린 정서들을 우리는 어떻게 다루어야 할까요? 떠나보내는 수련을 통해 정화시켜야 합니다. 정화를 위해서는, 스스로 동의함으로써 이것들을 떠나보내는 노력을 반복해야 할 것입니다.

영적 여정은 인생의 각 단계를 파고들어 가는 고고학적 발굴에 비할 수 있습니다. 우리가 어느 단계에 있든지 성령께서는 우리의 현재 상태를 들추어내십니다. 성령께서 제일 먼저 하시는 일은 현재 우리의 인간관계와 스스로 만든 자아 중독 행위에서 가장 파괴적인 측면을 치유하는 것입니다. 이러한 발굴을 통해 우리의 중년기, 성년기, 청년기, 사춘기, 아동기, 유아기,

출생 시기까지 거꾸로 파 내려갑니다. 영적 발굴이 계속됨에 따라 그동안 우리가 얼마나 많은 상처를 입으며 살아왔는지 깨닫게 되고 아울러 거짓자아가 축소되어 가는 은총을 발견합니다. 그리하여 영적 여정은 맨 밑바닥에 이르게 됩니다. 영적 여정에서 바닥은 곧 정상입니다. 그곳에서 우리는 비로소 하느님과 깊은 일치를 이룹니다. 더 이상 장애는 존재하지 않습니다.

이러한 영적 여정을 향심기도의 네 순간으로 살펴볼 수 있습니다. 첫 순간은 '거룩한 단어, 기도의 시작'(인식의 일상적 수준)입니다. 둘째 순간은 '휴식'(하느님 현존, 평화, 내적 고요의 감각)입니다. 셋째 순간은 '짐을 덜어냄'(육신, 마음, 영이 깊은 휴식을 취한 결과 방어기제가 이완되고, 어린 시절 해결되지 못한 정서들이 때때로 사념과 원시적 정서의 형태로 물밀듯 밀어닥침)입니다. 넷째 순간은 '배설'(원시적 정서와 사념의 배설, 다시 거룩한 단어로 돌아감)입니다.

거룩한 단어를 떠올리며 향심기도의 첫 순간을 시작하여 하느님 안에서의 쉼을 찾는 둘째 순간에 이릅니다. 깊은 휴식을 취한 후, 거짓자아를 벗어 버리고 치유의 은총을 받아들이는 셋째 순간을 거쳐, 원시적 정서와 사념을 버리고 거룩한 단어로 다시 돌아가는 넷째 순간에 이르게 됩니다. 네 순간을 포함하는 순환이 한 번씩 이루어질 때마다 우리는 중심(하느님 현존)에 한 단계 가까이 다가서게 됩니다. 억압된 정서적 장애들이 이 과정을 통해 배설되기 때문입니다. 하느님과의 일치가 이루어질 때까지 이렇게 무의식의 정화는 계속되는 것입니다.

이렇듯 향심기도는 참자아를 되찾는 가운데 자기의 진정한 무게중심인 하느님과의 친밀한 관계 회복을 지향합니다. 이러한 가운데 우리를 거룩함으로 부르시는 소리에 귀 기울이게 합니다. 인간적으로 성숙해지고 온전하게 되라고 우리를 부르시는 소리입니다. 이런 영적 부르심 안에서 우리는 모든 것을 있는 그대로 받아들이며 살아가는 초연함을 얻게 됩니다. 아울러 풍요로운 현재를 살아가면서 하느님과 일치를 이루는 행복도 누리게 될 것입니다.

6장 향심기도 수련법

1. 향심기도의 준비

본격적으로 향심기도 수련에 들어가기 전에 '기도 맛들이기'가 선행되어야겠습니다. 우리는 육신의 건강을 위해 산책이나 달리기 같은 운동을 즐겨 합니다. 이와 마찬가지로 기도에 맛 들인다는 것은, 영혼의 건강을 위해 모든 사욕편정邪慾偏情을 없애고 세심한 양심으로 하느님의 뜻을 찾기 위해 영혼을 준비하는 것입니다.

기도를 시작했다가 며칠 못 가 포기하는 이유에는 여러 가지가 있습니다. 염경기도나 청원기도에 익숙해 있기 때문이거나, 조급한 마음이 앞서 하느님께 말씀을 드리기만 할 뿐 그분의 말씀을 들으려 하지 않기 때문입니다. 기도를 지루하고 힘들게 느끼는 것도 한 이

유입니다. 기도를 포기하지 않으려면 가장 좋은 시간을 정해 놓고 매일 규칙적으로 '기도 실습'을 하는 것이 제일 좋은 방법입니다. 규칙적으로 기도하면 정신생활에 도움이 되는 것은 물론이고 '기도하는 몸'도 만들 수 있습니다. 자신의 성향이나 기질 또는 정신 능력에 알맞은 기도법을 찾아 기도에 '맛'을 들이면 됩니다. 기도에 맛 들이기 위해서는 규칙적인 기도 훈련과 꾸준한 영성 훈련을 통해 마음을 정화해야 합니다. 인간의 마음이란 내버려 두면 둘수록 버릇없는 어린애처럼 되고 맙니다. 그렇기 때문에 마음을 통제하고 정화하기 위해 끊임없이 영혼을 단련해야 합니다.

   그런데 영혼과 육신은 실질적으로 결합되어 하나의 인간을 형성하고 있기에, 올바른 기도를 위해서는 몸의 태도가 중요합니다. 몸을 바르게 하면 마음도 바르게 되고, 몸이 삐뚤어지면 마음도 삐뚤어집니다. 온몸으로 기도하면서 몸과 마음이 하나가 되어야 합니다. 그러므로 기도에 제대로 맛 들이기 위해서는 기도하는 동안 몸이나 손과 발의 자세에 주의하는 것이 매우 중요합니다. 성 이냐티우스는, 무릎을 꿇거나 땅에 엎드리거나 반듯이 눕거나 앉거나 서거나 간에 항상 '내가 원하는 것을 쉽게 얻을 수 있는 몸가짐'이 중요하다고 일러 줍니다. 기도에 맛 들이는 데 있어 기도하는 몸가

짐과 마음가짐은 중요합니다. 바른 마음, 깨끗한 마음을 가지되, 간절한 마음이 무엇보다 우선되어야 합니다. 기도를 특별한 무언가를 얻기 위한 과정으로 생각하기에 앞서 하느님과 하나 되려는 간절한 마음을 지녀야 합니다. 기도하는 시간이야말로 하느님과의 일치를 향한 가장 의미 있는 시간임을 깊이 인식해야 합니다. 제대로 기도하기 위해서는 뜻을 올바로 세워야 하며, 이것은 하느님과 일치할 때까지 쉼 없이 나아가겠다는 굳은 결심입니다. 하느님을 향한 완벽한 신뢰를 의미하는 것입니다.[46]

기도하기 위해서는 먼저 방석이나 의자, 소파, 장궤틀 등을 이용해 편안한 자세를 취합니다. 방석은 좀 큰 것이 좋습니다. 기도하는 동안 다리가 저리는 것을 방지하기 위해 방석의 뒷부분을 높여, 의자 생활에 익숙해진 다리의 혈액순환을 돕는 것이 좋습니다. 기도에 방해가 될 정도로 불편하거나 반대로 졸음이 올 정도로 편한 자세는 안 됩니다. 의자에 앉든지, 반가부좌를 하든지 허리는 항상 곧추세웁니다. 몸의 긴장을 풀고 두 손은 무릎 위에 편안히 얹습니다. 일상의 사념으로부터 떠나기 위해 눈을 지그시 감습니다.

---

[46] 정규한 『우리 영혼의 숨』 성서와 함께 2002, 89.

중요한 것은 올바른 정신 집중과 잠심潛心이며, '앉는 자세'가 이를 돕는다는 점을 인식하고 긴장하지 말아야 합니다. 자세를 엄격히 유지하려고 애쓰면 몸이 긴장하기 마련인데 이는 옳지 않습니다. 기도 자세를 지나치게 세부적으로 정형화하려는 것은, 각 개인의 신체 여건을 무시하는 처사입니다. 바른 기도 자세를 위해서 우선 마음을 편안히 하고 허리를 꼿꼿이 세우되, 몸의 다른 부위에는 조금도 힘이 들어가지 않아야 합니다. 그런 다음 편안히 호흡하면서 긴장을 풀어 몸과 마음을 모두 안정시키면 됩니다. 좀 더 구체적으로 설명해 보겠습니다.

(1) 방석에 앉을 때

조금 두꺼운 방석을 준비합니다. 엉덩이 부분을 높이려면 방석 위에 쿠션을 얹거나 방석을 반으로 접습니다. 이렇게 하면 반가부좌에 익숙하지 않은 사람도 다리가 저리는 것을 다소 방지할 수 있어 향심기도 중에 신체를 의식하지 않는 데 도움이 됩니다.

(2) 소파나 회전의자에 앉을 때

소파나 회전의자에 올라앉아 기대어도 좋습니다. 단, 이때도 목과 등을 바로 세우는 것이 중요합니다.

(3) 성당 의자나 기도용 의자에 앉을 때

성당에서 향심기도를 할 때는 의자 가장자리에 앉아 두 다리를 직각으로 내립니다. 무릎과 무릎 사이는 두 주먹이 들어갈 만큼 띄우고 성당 바닥에 발바닥을 완전히 붙입니다. 허리와 목을 바로 세우고 두 팔은 겨드랑이에 붙인 다음 손등은 위를 향하든지, 아래로 두든지 편하게 무릎에 놓습니다. 이때 두 손을 모으거나 깍지 끼는 것은 삼가는 것이 좋은데 기도하는 동안 손을 의식하지 않도록 하기 위해서입니다.

본당에서 성체조배할 때나 수도원에서 기도할 때 사용하는 기도용 의자에 앉는 경우, 두 발을 나란히 의자 밑으로 넣고 걸터앉은 다음 허리와 목을 곧추세우면 됩니다.

2. 향심기도의 방법과 지침

향심기도를 더욱 분명하게 알고 실천하기 위해 관상지원단이 제시하는 그리스도인 관상을 위한 방법과 지침을 소개합니다. 방법과 지침을 충실히 익히고 따름으로써 향심기도의 독특성을 맛보고, 영적 열매를 통해 거짓자아에서 해방되어 하느님과의 일치를 회복하시기 바랍니다. 하느님과 일치함으로써 궁극적으로 얻어지는 사랑의 에너지로 복음적 가치를 충실히 실천하는 원천을 찾고, 이웃과 관계 맺음으로써 예수 그리스도의 위로와 평화와 기쁨을 얻게 될 것입니다.

(1) 향심기도의 방법과 지침

① 먼저 '거룩한 단어'를 선택합니다. 이 단어는 우리 안에서 하느님이 이루시는 현존과 활동에 동의하려는 의지와 지향을 분명하게 드러내는 일종의 상징입니다.

선불교의 선 수행과 향심기도는 '화두'와 '거룩한 단어'가 상통한다는 점에서 그 유사성이 주목되어 왔습니다. 그런데 이 수련법을 근본적으로 구별 짓는 것이 바로 지향입니다. 향심기도가 이 같은 지향 위에 서 있다는 것은 삼위일체 하느님을 중심으로 한다는 것을 의미합니다.

키팅 신부는 동양의 영적 수련과, 향심기도를 비롯한 그리스도교 영성 전통의 근본 차이를 이렇게 설명하고 있습니다: "동양의 전통은 자아가 할 수 있는 일을 더 크게 강조하기 때문에 참자아와 하느님을 동일시할 위험이 있다. 반면에, 그리스도교 전통은 하느님의 현존을 인정하면서 하느님을 참자아와 구별한다. 다른 말로 하면, 우리는 각자의 고유성을 그대로 간직한 채 하느님을 드러내는 도구가 되는데, 실은 이것이 우리가 창조된 이유다. 즉, 아버지와 아들의 일체 안에서 은총으로 나누는 것이다."[47]

향심기도에서 가장 중요한 것은 하느님이 내 안에 현존하시고 활동하신다는 것을 알고 그분의 활동에 순명할 것을 약속하는 올바른 '지향'입니다. 하느님께서 내 안에 현존하시고 활동하시도록 그분께 나를 맡겨드리는 것이 중요합니다. 거룩한 단어는 하느님의 현존 안에 우리가 머물겠다는 지향과 하느님의 활동에 나를 내드리겠다는 지향을 담고 있습니다. 하느님은 우리에게 '자유의지'를 주셨기에 우리의 동의가 필요한 것입니다.

이제 우리의 지향을 상징하기 위해 한 단어를 선택합니다. 이것을 거룩한 단어라고 합니다. 성령께 잠시 기도하면서 나의 지향을 나타낼 단어를 선택해 주시도록 청하고 나서 거룩한 단어를 선택합니다. 아빠, 아버지, 예수님, 주님, 성령, 성모님, 어머니, 빛, 평화, 기쁨, 진리, 사랑, 기리에, 샬롬, 아모르, 스피리투스 등 신앙에 관계되면서 가급적 짧은 것으로 선택합니다. 의미에 연연하지 말고 그저 단순하게 선택하십시오. 단어가 거룩해서가 아니라 나의 지향이 거룩하기 때문

---

[47] 키팅 『하느님과의 친밀』 164.

에 거룩한 단어라고 부르는 것입니다. 단어는 나의 지향을 나타내는 역할을 할 뿐입니다. 잠시 성령께 기도하며 거룩한 단어를 선택합시다.

"성령님, 저는 하느님께서 내 안에 현존하시고 활동하심에 동의한다는 지향을 가지고 기도하고자 합니다. 이 지향을 나타낼 거룩한 단어를 선택하고자 하오니 저를 도와주십시오."

기도하는 도중에 거룩한 단어를 바꾸지 않습니다. 또 다른 사고가 시작되기 때문입니다. 어떤 사람에게는 거룩한 단어보다 하느님을 그저 바라보기만 하는 것이 더 도움이 될 수도 있습니다. 이 경우에는 하느님을 바라보듯 나의 시선을 내면으로 돌려서 하느님의 현존과 활동에 "예"라고 응답합니다. 거룩한 단어와 마찬가지로 거룩한 바라봄도 같은 지침을 따릅니다.

거룩한 단어를 통해 우리는 온갖 스쳐 지나가는 잔상을 흘려보내며, 영원한 절대자이신 하느님 안에서 쉬는 법을 배웁니다. 바오로는 우리에게 간곡히 권면합니다. "내가 하느님의 자비에 힘입어 여러분에게 권고합니다. 여러분의 몸을 하느님 마음에 드는 거룩한 산 제물로 바치십시오. 이것이 바로 여러분이 드려야 하는 합당한 예배입니다. 여러분은 현세에 동화되지 말고 정신을 새롭게 하여 여러분 자신이 변화되게 하십시오. 그리하여 무엇이 하느님의 뜻인지, 무엇이 선하고 무엇이 하느님 마음에 들며 무엇이 완전한 것인지 분별할 수 있게 하십시오"(로마 12,1-2).

우리 본성의 변형은 실재로서, 또 즉각적 가능성으로서 우리 앞에 놓여 있습니다. 이는 진정한 그리스도인으로서의 경험이자 성령 안에서 다시 태어나는 경험, 우리 안에 머무르시는 살아 계신 하느님의 영의 힘을 깨달음으로써 다시 태어나는 경험입니다. 우리 안에 계시는 성령의 현존을 깨닫고 그분이 자유로이 역사하시도록 놓아둠으로써 우리가 변형되어 가는 것입니다. 하느님께서 우리에게 주신 성령을 통해 그분의 사랑이 우리 마음속에 흘러들게(로마 5,5 참조) 하기 위해 거룩한 단어는 우리를 단순함으로 인도합니다.

② 편안히 앉아 눈을 감고 하느님께 동의하는 지향의 표시로 거룩한 단어를 조용히 떠올립니다. 편안히 앉는다는 것은 기도 중에 몸이 불편하다는 느낌이 들지 않을 정도를 의미합니다. 어떻게 앉든 등은 바로 펴고 목에 힘을 주지 않습니다. 가벼운 솜 위에 깃털 하나를 얹듯 아주 부드럽게, 거룩한 단어를 의식에 떠올립니다.[48]

---

[48] 키팅 『마음을 열고 가슴을 열고』 160-161.

그리고 그 거룩한 단어를 몇 차례 반복하여 부르십시오. 그러다가 어느 순간 거룩한 단어가 의식에서 사라지고 분심, 잡념이 들어올 수 있습니다. 이것을 알아차린 순간, 거룩한 단어를 다시 의식으로 불러들이십시오. 거룩한 단어로 부드럽게 돌아가는 것입니다. 거룩한 단어로 돌아가는 것은 나의 지향을 새롭게 하는 것이기도 합니다. 거듭하여 거룩한 단어로 돌아가면서 기도를 지속해 나갑니다. 그러다 보면 거룩한 단어도, 분심도 사라지는 순간이 찾아옵니다. 깊은 의식에 이른 것일 수도 있고, 아니면 분심을 따라가고 있는 중일지도 모릅니다. 그러나 분심이 많고 적고는 중요하지 않습니다. 분심을 알아차리고 거룩한 단어로 되돌아가기만 하면 되는 것입니다. 이렇게 계속 기도를 이어 갑니다.

③ 어떤 사념이 떠오르는 것을 인식할 때도 조용히 아주 부드럽게 거룩한 단어로 돌아갑니다.

향심기도를 하다 보면 심리적 긴장이 이완되기 때문에 무의식에 억압된 감정이나 생각들이 의식으로 올라오는 경우가 많습니다. 생각이 더 많아질 수도 있는 것입니다. 이때 우리가 할 일은 아주 부드럽게 거룩한 단어로 돌아가서 우리의 원지향原志向을 새롭게 하는 것입니다. 이렇게 분심과 잡념까지도 수용하는 너그러운 기도법 중 하나인 향심기도를 통해 분심 없이 기도하고 싶어 하는 원의를 이룰 수 있습니다.

'아주 부드럽게 거룩한 단어로 돌아가는' 것은 생각들을 가장 쉽고 효과적으로 다루는 방식입니다. 맞서거나 외면하는 데는 오히려 많은 노력이 필요합니다. 의도적으로 노력한다고 해서 영적 에너지가 강화되는 것이 아니라, 하느님 안에 머물러 그분의 말씀과 활동에 귀 기울일 때 극대화됩니다. 그러므로 (진정 바라는) 다른 데로 관심을 돌리면, 영적 에너지를 소모하는 생각들로부터 그만큼 쉽게 해방될 수 있습니다.

향심기도에서 '사념들'thoughts은 포괄적 의미를 지닙니다. 우리의 지각과 의식으로 들어오는 것은 무엇이든 사념으로 간주합니다. 그런데 '사념들'은 향심기도에서 불가피하고 정상적인 요소입니다. 대개 인간의 의식에서는 성찰거리, 사고, 상상, 기억 따위가 늘 펼쳐지고 있습니다. 그런데 향심기도의 목적은 머리를 비우는 무사념無思念에 있는 것이 아니라, 사념에 집착하지 않는 태도, 사념에 주의를 빼앗기지 않는 태도를 기르는 데 있습니다. 생각하지 않으려 애쓰며 무념무상을 이루려는 것이 아니라, 들어오는 사념을 막거나 지나가는 사념에 집착하지 않고 하느님과 함께 머무는 자유를 얻으려는 수련입니다.

키팅 신부는 이런 관점에서 '어떠한 것에도 매달리지 않는 정신'을 중요하게 여깁니다. 그래서 그는 향심기도를 '떠나보내는 수련'이라고 말합니다.[49] 그야말로 '떠오르는 생각 오게 하고 떠나는 생각 가게 하는' 기도, 다시 말해 '오는 생각 막지 않고 가는 생각 잡지 않는' 기도라는 것입니다. 그러므로 이 기도를 통해 우리는, 기도 중에 어떤 특정한 감정을 동반하는 생각이 떠오르더라도 그 생각에 감정적으로 반응하지 않고 주님과 함께 머물 수 있는 자유를 키워 가게 될 것입니다. 이 단계에 도달하는 과정에서 다양한 형태로 생각들이 의식에 들어오더라도 바로 그 순간, 주님과 함께 머물며 그분의 이끄심에 우리를 내맡기기로 한 원지향을 담고 있는 약속의 표지인 거룩한 단어로 아주 부드럽게 돌아가는 훈련을 거듭하는 것입니다.

반면에, 어떤 생각도 떠오르지 않았을 때 단순히 생각을 거부할 목적으로 거룩한 단어를 반복하지 않도록 합니다. 향심기도는 주의를 집중해 거룩한 단어를 반복하면서 무엇인가를 하는doing 기도가 아닙니다. 내가 하느님 안에 머물고 그분이 내 안에 머물러 활동하시게 하려는 '지향'으로 그분 안에 있는being 기도인 것입

---

[49] 키팅 『마음을 열고 가슴을 열고』 107-109.

니다. 그렇기 때문에 처음의 지향이 유지되는 한 거룩한 단어를 반복할 필요가 없습니다.[50]

불필요하게 거룩한 단어를 반복하면 오히려 하느님과 나누는 깊은 친밀에 방해가 될 수 있습니다. 간혹 기도 중에 거룩한 단어가 아주 희미해지거나 사라지기도 합니다. 그럴 경우라도 지향만은 그대로 유지되고 있다면, 거룩한 단어로 돌아가지 않도록 합니다. 거룩한 단어로 돌아가는 것은 거룩한 단어가 희미해지는 때가 아니라, 생각이 떠오른 것을 인식했을 때임을 기억해야 합니다.

④ 기도가 끝날 때는 눈을 감고 2~3분 동안 침묵 속에 머무릅니다.[51] 기도의 끝을 알릴 때 음악이나 종을 사용할 수 있습니다. 여럿이 함께 기도할 때는 인도자가 천천히 「주님의 기도」를 바치기도 합니다. 이때는 그저 듣기만 하십시오. 기도가 끝날 때 깊은 곳의 의식이 표면적 의식으로 다시 돌아오는 데 1~2분가량 필요합니다. 너무 서둘러 기도를 끝내지 마십시오.

기도를 마칠 때의 2~3분은, 우리의 정신이 의식과 감각으로 매개되는 현실 세계로 되돌아오는 데 적응하도록 여유를 줍니다. 또한 이 돌아오는 과정을 통해 침

---

[50] 같은 책 76.
[51] 엄무광 『향심기도』 89.

묵 속에서 하느님과 함께 머물고 하느님의 활동에 "예"라고 응답하는 축복과 순명의 분위기를 일상생활로 이끌어 들일 수 있게 됩니다. 이것은 궁극적으로, 키팅 신부가 『관상기도를 통해 하느님께 나아가는 길』 마지막에서 말한 '관상에서 활동으로'와 '활동 안에서의 관상'을 현실적으로 매개하는 뜻 깊은 시간으로 작용하게 될 것입니다.[52] 그림으로 표현해 보겠습니다.

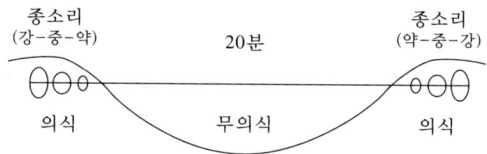

(2) 향심기도 수련[53]

향심기도의 지속적 수련이라는 관점에서 살펴보겠습니다. 향심기도를 통해 하느님과의 관계가 어떻게 진전되는가 하는 것입니다. 향심기도 수련은 그 자체를 목적으로 하지 않습니다. 하느님과의 관계를 온전

---

[52] 키팅 『관상기도를 통해 하느님께 나아가는 길』 엄무광 옮김, 가톨릭출판사 1999, 150-160.

[53] 키팅 『마음을 열고 가슴을 열고』 160-167.

히 깊이는 것이 목적입니다. 대화에서 친교로, 능동적 기도에서 수용적 기도로 옮아가게 하기 위함입니다.

크게 세 부분으로 나누어 이야기해 보겠습니다.

첫째, 향심기도는 골방(자신의 내면)으로 들어가 기도하는 것과 같다고 앞서 이야기한 바 있습니다. 골방으로 들어가 문을 닫고, 필요하다면 문을 잠그고, 불편함을 느끼지 않도록 자세를 잡은 다음, 우리의 지향과 일반적 사랑의 주의를 내 안에 계신 하느님의 현존과 활동에 돌리고 그에 동의합니다. 골방에 앉아서 "제가 여기 있습니다. 주님을 기다립니다"라고 기도하면서 자신의 현존을 하느님께 온전히 내드립니다. 하느님의 현존과 활동에 동의하겠다는 원래의 지향을 유지하는 것 외에는 아무것도 할 필요가 없습니다. 그러므로 기도 중에 무슨 일이 일어나는가 따위를 분석하는 것은 적절치 않습니다.

이것은 연구 과제가 아닙니다. 우리가 어떤 사람과 친밀한 대화, 친교의 일치를 이루는 대화로 들어가는 때는 자신의 감정이나 심리 상태를 분석하는 때가 아닙니다. 사랑이 느껴지면 그저 느끼십시오. 사랑에 대해 이야기할 필요도 없고 분석하거나 그 의미를 알아내려 할 필요가 없습니다. "내가 감각의 밤에 들어가는 것은 아닐까?" "이렇게 많은 사념이 떠오르는 것을 보면 이 기도가 나에게 맞지 않는 것은 아닐까?" 하는 식으로 분석하려 들지 마십시오. 모두 쓸데없는 일입니다. 이것을 무시해야 합니다. 거듭 말하지만, 어떠한 분석도 하지 마십시오.

둘째, 아무 기대도 하지 마십시오. 큰일을 초래할 수 있습니다. 진정한 큰일은 이미 일어나고 있습니다. 신성한 삼위의 현존이 우리 안에 있고 온전히 우리에게 열려 있습니다. 우리에게 온전히 현존을 내주시면서, 마치 우리가 세상 모든 창조 가운데 유일한 존재인 양 당신의 주의를 기울여 주십니다. 그러므로 핵심은 우리가 얼마나 현존하는가 하는 점입니다. 여기서 우리의 기대는 현존에 방해가 됩니다. 기대는 미래에 대한 것이기 때문입니다. 현존은 현재의 것입니다. 동의도 현재에 속한 것이며 하느님의 온전한 현존에 현재의 순간을 드리는 것이 참다운 동의입니다.

그러므로 하느님을 온전히 찾아내기 위해서는, 우리 자신 또한 현재의 순간에 점차로 빠져 들어야 합니다. '좋아하는가, 싫어하는가', '간절히 원하는가, 그렇지 않은가', '제대로 하고 있는가, 잘못하고 있지는 않은가' 하는 생각에 담겨 있는 긴박, 강박, 습관, 중독들은 모두 하잘것없는 것들입니다. 이는 친교와 친밀의 차원에 속하는 것들이 아닙니다.

이때 우리는 마치 하느님의 품 안에 있는 것과 같습니다. 그 이상 무엇을 더 바라겠습니까? 키스에 비유해 보겠습니다. 그 누가 키스하는 순간에 날씨 이야기를 하겠습니까? 아무 말이 필요 없는 순간입니다. 말을 하면 오히려 키스의 친밀성을 상실하게 됩니다. 더는 어떤 기대도 필요치 않습니다. 그리고 또 하나, 어떤 목표나 목적을 두지도 않습니다.

사랑에는 목적이 없습니다. 사랑 그 자체가 사랑의 이유입니다. 사랑은 (성 베네딕도가 말했듯이) 그 자체가 보답입니다. 하느님께서 사랑하신다면 그 이상 무엇이 더 필요하겠습니까? 사랑받는다는 것을 경험하는 순간, 그저 하느님의 사랑을 받아들이면서 침묵해야 합니다. 절대 침묵이야말로 골방에서 지녀야 할 적절한 태도입니다.

오늘날 관상기도를 준비함에 있어 향심기도는 대단히 적절하고 수용적인 방법입니다. 기도 중에 발생할 수 있는 장애를 줄여 주고, 성령의 섬세한 움직임에 민감해지도록 우리의 듣는 기능을 키워 줍니다. 성령의 움직임은 골방, 곧 깊은 침묵 중에 일어나는 것임을 상기하십시오. 하느님의 은총이 특별히 강한 경우를 제외하고 우리는 성령의 움직임을 직접 감지할 수 없습니다. 은총이 강한 경우라도 일시적일 뿐입니다.

우리의 목표는 일시적 만족이 아닌, 영구 변형의 상태입니다. 이 상태에서는 하느님의 현존에 대한 인식이 우리 일상의 인식으로 전환되어 일상생활 중에 일어나는 실제적이고 자질구레한 일들에 방해받지 않게 됩니다. 아침 식사를 준비하고 아이들을 학교에 데려가고 데려오는 등의 일상사를 수행하는 가운데, 그러한 활동의 효율성에 아무런 지장을 주지 않으면서 동시에 하느님의 현존이 언제나 함께하신다는 인식에 섬세하게 머무르게 될 것입니다. 이런 현존 의식에 있어 우리가 할 수 있는 일은 아무것도 없습니다. 현존 의식이 더욱 깊어지게 되면 그때는 아무리 애를 써도 거기서 벗어날 수 없습니다. 일상생활의 일부가 되는 것입니다. 향심기도의 이러한 실질적 훈련 내용을 요약해 보겠습니다.

① 하루 두 번, 최소 20분씩 기도하기를 권합니다. 한 번은 아침 일찍, 그리고 한 번은 오후나 이른 저녁에 하십시오. 그런 다음 묵상 중에 우리 자신의 가난을 선언하게 됩니다. 우리는 단어, 사고, 상상을 포기하게 되는데, 가난이라는 한 단어에 우리 마음을 한정시킴으로써 그것이 가능해집니다. 그로써 묵상의 과정은 단순함 그 자체가 되는 것입니다. 그 이로움을 경험하기 위해 매일 두 차례씩 빠뜨리지 말고 묵상을 해야 합

니다. 적어도 20분은 지속해야 하는데, 대략 25분에서 30분 정도 기도하십시오.

같은 장소, 같은 시간에 하는 것도 도움이 됩니다. 우리 삶이 성장하는 데 필요한 창의적 리듬, 맥박에 맞춘 리듬이 묵상에도 도움이 되기 때문입니다. 그러나 무엇보다 묵상에 관해 유념해야 할 점은, 묵상을 위해 따로 빼놓은 시간, 『무지의 구름』 저자가 말한 '작업 시간'[54] 내내 충실히 지향을 새롭게 하면서 앉아 있어야 한다는 것입니다.

② 기도가 끝나는 것을 알리는 데는 너무 요란하지 않은 자명종을 사용하는 것이 좋습니다.

③ 향심기도의 주된 효과는 기도 중이 아닌, 일상생활에서 경험하게 됩니다.

④ 향심기도로 인한 신체적 증세
- 기도 중 신체 곳곳에 약간의 통증, 가려움증, 뒤틀림이 느껴지거나 안절부절못하기도 하는데, 신체의 정서적 매듭이 풀려 나타나는 증세입니다.
- 사지가 무거워지거나 반대로 가벼워지는 느낌이 들 수 있습니다. 이것은 보통 영적 주의가 깊어질 때 나타납니다.

---

[54] 엄무광 『향심기도』 87.

- 어떠한 경우든지 신체적 증세에 관심을 기울이지 않도록 합니다. 아니면 그 감각에 잠깐 머물렀다가 거룩한 단어로 되돌아갑니다.

⑤ 렉시오 디비나는 향심기도 발전의 관념적 배경을 제공합니다.

⑥ 매주 한 번 지원 그룹에서 기도하거나 같이 나눔을 함으로써 기도를 지속하도록 용기를 줍니다.[55]

---

[55] 키팅 『마음을 열고 가슴을 열고』 179.

7장 향심기도의 지속과 열매
그리스도 안에서의 변형

1. 향심기도의 열매

향심기도의 열매는 기도 중에 나타나는 것이 아니라 일상생활에서 나타납니다. 직접적이고 절대적인 인과관계가 보이는 것은 아니지만 향심기도를 통해 열리는 열매를 일상에서 발견할 수 있습니다. "나무는 모두 그 열매를 보면 안다"(루카 6,44)고 예수님은 말씀하셨습니다. 향심기도 후 달라진 삶의 태도와 질을 통해 향심기도의 열매를 식별하게 됩니다.

 향심기도의 큰 열매 중 하나는 거짓자아로부터의 해방입니다. 점차 예수 그리스도의 자아를 닮은 참자아를 지니고 자신의 중심에서 삶을 살아가게 되는 것입니다. 이때 자신의 행동에 들어 있는 숨은 동기를 좀 더 명료하게(객관적으로) 보게 되며, 이를 통해 우선적으로는 자신과, 그리고 이에 못지않게 다른 사람들과 화해와 치유의 관계를 형성하게 됩니다. 환경에 맞서 자신을 방어하지 않으면서 현실의 실상reality을 있는 그대로 볼 수 있는 수용적 비전을 갖게 됨으로써, 다른 사람들이나 외부와 더욱 바람직한 상호 관계를 맺게 되는 것입니다.

향심기도는 삼위일체 하느님의 존재와 활동이 내 안에서 이루어지는 데 동의하는 태도, 그분의 전권을 받아들이는 태도를 점점 더 깊이 체화해 가는 과정입니다. 이런 관점에서 키팅 신부는 향심기도를 "관상으로 이르게 하는 움직임을 촉진하기 위해 만들어진 수련 중에서 가장 수용적인 방법일 것"[56]이라고 말합니다. 이렇게 무한히 받아들이는 기도 자세와 하느님과의 친교는, 일상생활에서의 가족과 이웃과 세계와의 관계에서도 우리를 수용적으로 변모시킵니다. 그리하여 살면서 숱하게 직면하는 다양한 상황과 존재들을 감정적·지성적 에너지, 심지어 영적 에너지로 가로막거나 물리치면서 외적 조건이나 거짓자아의 노예가 되지 않을 수 있는 능력을 스스로 더욱 심화해 가게 됩니다. 일상

---

[56] 키팅 『하느님과의 친밀』 74.

의 순간순간을 하느님의 선물로 받아들여 살아가는 능력이야말로 가장 성숙한 열매라고 할 수 있습니다.

우리는 외부에서 받은 상처나 자신의 잘못들, 우리를 슬프게 한 기억들을 있는 그대로 받아들이지 못하고 제대로 떠나보내지도 못합니다. 그렇게 자신을 받아들이지 못하는 닫힌 마음 때문에, 가족과 이웃은 물론 나아가 하느님의 부르심이나 초대, 그분의 사랑과 자비도 받아들이지 못하는 경우가 많습니다.

외부에서 들어오는 모든 생각과 감정과 영적 욕구를 있는 그대로 받아들이고 또 떠나보내는 기본적 수련을 통해 우리 자신이 되어 갈수록, 모든 것이 하느님 사랑 안에서 새롭게 다가오기 시작합니다. 우리에게 상처 입힌 모든 사람과 사건을 비롯하여 자신의 약점, 슬픔, 탄식까지도 받아들일 수 있는 수용력이 생깁니다. 향심기도에서 하느님과의 관계를 통해 선물 받은 수용성은, 말하자면 자신과 이웃과 세계와의 관계에서 하느님의 은총을 담아내는 그릇의 역할을 합니다. 일상에서 이런 수용력을 발휘하면 할수록, 하느님의 은총 안에서 그분이 나에 대해 세우시는 모든 계획까지도 더 깊이 수용할 수 있는 열린 태도를 갖추게 됩니다.

향심기도는 자기애나 자기도취를 추구하지 않습니다.[57] 관상기도가 깊어질수록 타인의 욕구와 권리에 대한 우리의 관심이 증가하고, 하느님이 만드신 온 우주와 피조물과 자신이 연관되어 있음을 감지하는 능력이 커집니다. 하느님이 존재하는 모든 것의 원천이심을 깊이 느낌으로써 모든 피조물, 특히 다른 사람들의 원천이 되시는 하느님을 깊이 인식하게 됩니다. 이 책의 결론 부분에서 우리는 키팅 신부가 열어 주는 관상과 활동, 활동과 관상, 관상과 세계, 세계 현실과 관상의 상관성에 대한 깊은 통찰을 통해, 향심기도의 궁극적 지향이 하느님과의 일치를 통한 이웃과의 연대임을 확인하게 될 것입니다.

우리는 대개 자기중심적 성향을 지니고 내가 우주의 중심이라고 생각하는 병을 앓고 있습니다. 그만큼 신성한 현존에서 고립되어 있거나 신성한 현존을 외면하고 있는 까닭입니다. 키팅 신부는 관상기도가 이 병을 고쳐 주는 신성한 치유법이라고 제시했는데, 이는 향심기도에도 적용됩니다.[58] 우리의 거짓자아로부터 신성한 현존을 향해 나아가 그 현존 안에 쉬기까지의 영적 여정을 마련하는 기도가 바로 향심기도입니다. 우리는 이 기도를 통해 자신이 매 순간 삼위일체 하느님의 돌보심을 통해 새롭게 창조되고 있는 아름다운 창

---

[57] 키팅 『마음을 열고 가슴을 열고』 17-18. 200.
[58] 키팅 『관상기도를 통해 하느님께 나아가는 길』 161-162.

조계의 일부임을 발견합니다. 예수 그리스도께서 걸어가신 순명의 길을 따라 기도에 들어가고 나오며 내 안에 계신 하느님을 발견하면 할수록, 우리 주변의 모든 실재에 살아 계신 하느님과 그리스도를 더욱 깊이 발견하게 될 것입니다.

결국 향심기도 자체는 대단히 수용적이고 침묵으로 일관되는 수련인 데 비해 그에 따라오는 영적 여정은 대단히 역동적인 움직임을 수반한다는 것을 체험할 수 있습니다. 이로써 향심기도를 통해 우리 자신이 변형과 일치로 나아가고 있다는 확신을 얻는 것이 확실해졌습니다. 치유 과정에서 거짓자아를 대면하고 거기서 벗어나야 하는 어려움 때문에 도중에 그만두고 싶어지더라도, 끈기를 가지고 마음을 편안히 하여 지속하기를 권합니다. 이러한 과정을 통해 자신의 깊은 내면으로 들어가 하느님과 친교를 이루면 숨은 일도 보시는 아버지께서 우리의 기도를 들어주십니다.

하느님은 언제나 우리에게 좋은 선물을 주고자 하십니다. 우리가 바라는 대로가 아니라 하느님께서 보시기에 가장 좋은 선물을 주시는 것입니다. 그런데 하느님께서 우리에게 주시는 가장 좋은 선물은 하느님의 영, 성령입니다. 그래서 하느님은 우리에게 성령을 주십니다. 그리하여 향심기도를 오래 수련하는 사람들에게서 갈라티아서 5장에 나오는 성령의 열매들이 열리기 시작합니다. 더 사랑하고, 더 기쁘게 살고, 더 평화롭게 살며, 더 인내하고, 더 친절해지며, 더 선행을 베풀고, 더 진실하게 살며, 더 온유하고 절제하는 생활을 하게 됩니다.

꾸준히 향심기도를 실천해 가면 일상에서 아래와 같은 열매와 확장 체험을 얻게 될 것입니다.

- 삶에 침묵의 맛이 생긴다.
- 일상생활 중에 떠나보내는 능력이 생긴다.
- 조건 없이 사랑하는 법을 배운다.
- 다른 사람들에게 있는 근본 선을 본다.
- 주는 것과 받는 것에 마음 여는 법을 배운다.
- 일상의 기도생활이 풍부해진다.
- 삶의 동기가 더욱 명료해진다.
- 자신 안에서 치유가 일어나고 다른 사람들과 화해하게 된다.
- 세상에 봉사하고, 가난한 사람들의 울부짖음을 진심으로 듣는다.
- 날마다 하느님 앞에 앉아 나를 맡겨 드리고 쉬고 받아들이고 떠나보냄으로써, 자유를 얻고 내적 고요와 평화를 느끼며 단순함을 알게 된다.
- 눈에 띄는 결과가 없는 듯 보여도 하느님께서 내

안에 활동하고 계시므로 모든 것을 주관하시는 아빠, 아버지를 사랑하고 신뢰하게 된다.

2. 향심기도의 지속과 적용

향심기도의 효과를 일상생활로 확장하고 적용하기 위해서는 무엇보다 규칙적이고 지속적인 노력이 필요합니다. 향심기도의 배경이라 할 수 있는 렉시오 디비나를 정기적으로 실천하고 매일 향심기도를 수련해야 합니다. 향심기도 피정이나 발전 프로그램에 참가하는 것도 도움이 될 것입니다.

바쁜 일상생활 안에 수도 전통의 향심기도가 뿌리내리는 데는 여러 가지 제약과 어려움이 따르지만, 공동체와 함께하면서 힘을 얻을 수 있습니다. 가족이 함께하는 향심기도, 회합 시작 전 공동 향심기도, 일주일에 한 번 가지는 공동체 향심기도, 미사 후 공동 향심기도 등등 각 공동체 나름대로 다양한 방법을 시도해 볼 수 있습니다.

규칙적이고 지속적인 노력이 중요하다고 해서 처음부터 쉬지 않고 기도하려고 욕심 부리면 금세 실패하고 맙니다. 적당한 시간을 선택해서 현명하게 기도하는 것이 중요합니다.[59]▶

바쁜 일상을 사는 신자들이 향심기도에 입문할 경우, 관상기도의 초입에 해당하는 자아 침묵에 이르는 데 최소한 6개월가량이 필요합니다. 6개월 동안 안정된 장소에서 하루에 두 차례, 20분씩 지속적으로 수련하면, 관상기도에 들어가기가 용이해질 것입니다. 정기적인 렉시오 디비나와 더불어 피정이나 발전 프로그램에서 용기를 얻고, 시청각 매체나 영적 독서 등을 통해 더 많은 지식을 쌓을 수 있습니다.

일상에서 향심기도를 발전시켜 나갈 때 주의할 점은, 우리의 경험을 분석하고 기대하거나 다음과 같은 설익은 목표를 지향하지 말아야 한다는 것입니다.[60]

- 거룩한 단어를 계속 반복한다.
- 아무 생각도 하지 않는다.
- 마음을 비운다.
- 평화와 위안을 추구한다.
- 영적 경험을 얻는다.

공동체와 함께 향심기도를 하면서 힘을 얻기 위해 실천 가능한 방법 몇 가지를 제시해 보고자 합니다.

---

[59] 블룸 『기도의 체험』 88.
[60] 키팅 『마음을 열고 가슴을 열고』 200.

① **가족이 함께하는 향심기도**

　일주일에 한 번 가족과 함께 지속적으로 향심기도 모임을 갖는 것을 적극 권장하고 싶습니다. 날짜와 시간은 함께 의논해 정하고, 장소는 안방이나 거실, 식탁 그 어디라도 좋습니다. 안방이나 거실에서 할 경우 방석에 편하게 앉고, 방 한가운데 초와 꽃을 준비하여 기도 분위기를 도와주면 좋겠습니다. 기도를 시작하기 전에 조용하고 차분한 명상 음악이나 마음에 여유를 주는 편안한 국악을 듣는 것도 도움이 된다고 봅니다. 온 가족이 둘러앉아 순서에 따라 30분가량 기도한 다음 가볍게 차를 나눠 마시는 시간을 마련해도 좋습니다. 이런 시간은 가족끼리 서로를 이해하며 더불어 살아갈 수 있도록 유대를 강화하는 데 큰 도움이 됩니다. 또한 참행복의 길로 초대하시는 주님의 손에 가족 모두를 맡겨 드리면서, 그분께 감사드리는 영적 성숙을 이루고, 소중한 가족 사랑을 체험하는 시간으로 이끌어 줍니다.

② **회합 시작 전 공동 향심기도**

　본당의 여러 모임의 회합 시작 전에 향심기도를 하는 것이 도움이 됩니다. '부록'에 제시된 '향심기도 모임'을 시도해 볼 수도 있습니다. 이때 순서에 지나치게 얽매일 필요는 없습니다. 각 공동체의 상황이나 모임의 성격에 따라 나름대로 적용하면 됩니다. 예를 들어, 앞부분을 생략한 채 성호를 긋고 바로 향심기도로 들어가는 것입니다. 이런 공동 향심기도는 회합의 중심을 성령께 맡기는 자세를 갖게 해 주어, 평화로운 분위기에서 회합을 진행할 수 있게 해 줍니다. 구성원들이 성령을 중심으로 살아가는 데도 도움이 됩니다.

③ 일주일에 한 번 가지는 공동체 향심기도

일주일에 한 번 적당한 날과 시간에 누구나 참석할 수 있는 향심기도 모임을 정기적으로 가집니다. 본당에 기도실이나 묵상실, 성체조배실이나 경당이 있다면 그곳을 최대한 활용하면 되고, 그렇지 못하면 회합실을 활용해도 좋을 것 같습니다. 다만 어느 장소든 한가운데 초를 준비하는 것이 도움이 됩니다. 촛불 둘레에 모두가 편하게 앉은 다음 '부록'의 순서에 따라 30분 동안 기도합니다. 이때 각자가 먼저 집에서 렉시오 디비나를 하고 거룩한 단어를 선택해 와야 합니다. 향심기도 시간에 거룩한 단어를 선택해서는 안 됩니다. 평소 렉시오 디비나 중에 선택한 거룩한 단어를 가지고, 신망애 안에서, 하느님 사랑의 표현인 침묵에 잠기는 은총의 시간이 되어야 합니다.

이 방법이 여의치 않으면 렉시오 디비나와 향심기도 시간을 함께 가질 수도 있습니다. '부록'에 제시된 렉시오 디비나의 순서를 따라가다가, 마지막 순서로 하느님과의 친밀한 관계에 들어가는 시간에, 깊은 침묵 가운데 20분가량 향심기도 시간을 가지면 됩니다. 시간이 다 되면 인도자가 음악이나 종으로 알려 줍니다. 이때 각자 침묵 중에 하느님께 감사기도를 봉헌합니다. 2~3분 후에 천천히 눈을 뜨면서 마침 성가로 마무리합니다.

④ **미사 후 공동 향심기도**

그리스도인에게 하루의 정점은 바로 미사입니다. 특별히 매일 미사 중에 선포되는 말씀은 하느님께서 교회 공동체를 통해 우리 한 사람 한 사람에게 보내시는 사랑의 메시지입니다. 따라서 그날 미사의 말씀을 잘 듣고 향심기도를 준비하는 것이 매우 중요합니다. 복음 말씀을 잘 읽고 묵상하지 않은 채 미사에 참석할 경우 말씀이 우리 안에 깊이 남기 어렵습니다. 마음에 남아 있는 말씀을 가지고 미사 후에 공동체적으로 향심기도를 드림으로써 하느님과의 관계를 일구어 나가는 데 큰 도움을 얻게 됩니다.

이 밖에도 각 공동체의 상황에 따라 다양한 방법을 시도할 수 있을 것입니다. 이렇듯 단순하면서도 깊은 침묵 중에 이루어지는 향심기도 모임은, 신자들이 말씀의 중요성을 깨닫고 그 말씀을 심화시켜 더 쉽게 관상에 들어가도록 도와줍니다. 본당 공동체에서 실천하는 향심기도 모임은 신자들의 영적 성숙을 도모하면서, 공동체의 영적 성숙에도 큰 도움이 될 것입니다.

3. 향심기도의 의지와 지향

향심기도는 지향intention 훈련입니다. 평소 기도할 때와 마찬가지로 향심기도 중에도, 우리 안에 현존하시는 하느님께 자신을 열어 드리고 그분 활동에 승복하겠다는 지향을 가지고 기도합니다.

결혼할 때나 성직과 수도생활을 시작할 때 우리는 서원을 합니다. 이 서원이 바로 우리의 지향이며 의지입니다. 지향이 가지는 힘은 매우 큽니다. 어려움과 괴로움에 처할지라도 이 지향 때문에 결혼생활을, 성직과 수도생활을 지속할 수 있습니다.

향심기도에서도 하느님께서는 우리의 지향을 보시고 기도를 들어주십니다. 우리가 하느님의 현존과 활동에 동의한다는 지향을 가지고 기도하면, 하느님께서는 그 지향을 보시고 우리 안에 현존하시며 활동하십니다. 그분은 성령을 통해 내 안에서 활동하시며, 우리 삶이 성령께서 이끄시는 삶이 되게 해 주시고, 우리를 하느님 닮은 모습으로 만들어 주시며, 마침내 당신과 일치시켜 주십니다. 성령의 열매를 맺는 삶, 참행복의 삶, 세속에서 천국을 누리는 삶으로 우리를 이끌어 주십니다. 이런 사실은 오랫동안 향심기도를 실천해 온 사람들의 공통 체험을 통해서도 알 수 있습니다.

또한 향심기도는 하느님을 향한 우리의 의지, 하느님과 함께 머무름에 대한 우리의 선택 기능을 일깨우는 기도입니다. 이는 하느님 사랑에 한층 더 깊이 응답하고 그 사랑에 머물게 하려는 것입니다. 그러기 위해서는 무엇보다도 하느님 사랑의 본질을 선명하게 자각할 필요가 있는데, 앞의 여러 맥락에서 이야기한 것처럼 하느님 사랑은 단순한 감정으로 이해되는 데서 그치지 않습니다. 그 사랑은 오히려 끊임없이 자신을 내주시는 이른바 '자아 포기'와 상통합니다. 우리가 하느님을 사랑할 때, 그분의 이러한 사랑을 닮아 갑니다. 향심기도는 하느님께서 현존하시고 활동하시도록 자신을 내드리는 지향을 습관이 되게 함으로써 하느님의 사랑인 '자아 포기'의 영적 태도와 깊이를 구체화할 수 있게 해 줍니다.[61]▶

향심기도에서 거룩한 단어는 생각들을 밀어내기 위한 것이 아니라, 하느님의 현존과 활동에 "예"라고 응답하려는 우리의 원지향을 재확인시켜 주는 것입니다. 거룩한 단어는 내 안에 계신 하느님께 자신을 열어 드리려는 지향을 나타냅니다. 또 의식을 지나치는 어떤 생각들에 흥미를 느끼는 것을 알아차릴 때 되돌아가는 거점과 같은 역할을 합니다.

이 같은 지향은 모든 관상기도 수련에서 중요하지만 향심기도 중에는 더더욱 그러합니다. 시각적 영상, 호흡 등의 방식도 거룩한 단어와 마찬가지로 우리의 지향을 나타내는 데 쓰일 수 있을 뿐, 하느님과 무관하게 자기의 정신을 통일시키거나 주의를 집중하기 위해 사용해서는 안 됩니다. 향심기도는 집중attention하는 기도가 아니라 지향하는 기도입니다.[62]

우리가 향심기도 중에 할 수 있는 유일한 노력이란 '노력하지 않도록 노력하는 것'뿐입니다. 아무런 걸림이 없는 단계에 도달하기까지 하느님의 현존과 활동에 동의하는 지향을 지속적으로 유지해야 합니다.[63]

그때에야 비로소 우리는 오는 생각 오게 하고 가는

---

[61] 키팅 『하느님과의 친밀』 74-75.
[62] 같은 책 74.
[63] 키팅 『마음을 열고 가슴을 열고』 104.

생각 가게 하면서, 예수 그리스도께서 도달하신 것과 같은 하느님과의 친밀한 관계를 위해 그 모든 생각을 떠나보내는 자유를 심화시킬 수 있게 됩니다.

대개 우리는 큰 기쁨이나 고통이나 슬픔을 겪으면 좀처럼 그것을 잊어버리지 못합니다. 사람들과 대화하고, 일을 하고, 책을 읽더라도 그 느낌은 여전히 남아 있습니다. 하느님의 현존도 이와 같습니다. 그리고 하느님의 현존이 이처럼 분명하다면 우리는 다른 일을 하면서도 기도할 수 있게 됩니다. 육체노동을 하면서도 기도할 수 있고 사람들과 대화하면서도 기도할 수 있습니다. 하지만 이것이 처음부터 가능하지는 않습니다. 겸허한 자세와 부서진 마음으로 우리 자신을 준비하는 것이 우선입니다.

마음을 가라앉히고 기도 안에서 하느님께 자신을 온전히 굴복시킴으로써, 나뉘지 않는 정신과 마음을 지니는 법을 배우기 시작합시다. 기도에서 이것을 배우게 되면 다른 상황에 처해서도 이 마음을 유지할 수 있습니다.[64] 수련을 통해 분심과 생각들이 흘러가고 이것이 습관화되면 모든 생각을 떠나보내는 것이 수월해지면서 우리는 마침내 '무지'無知로 나아가게 됩니다.[65]

---

[64] 블룸 『기도의 체험』 51.

4. 향심기도의 정체성[66]

향심기도는 특별한 기술이나 정신 이완 훈련, 자기최면, 성령의 은사, 심령현상이 아닙니다. 하느님 현존의 '느낌'에 국한된 것도, 논리적 묵상이나 정감 어린 기도도 아닙니다.

향심기도는 하느님과 맺는 관계이면서 또한 그 관계를 성장시켜 가는 수련입니다. 믿음과 희망과 사랑의 운동이고, 그리스도와의 대화를 넘어 그분과의 친교로 나아가는 움직임이며, 하느님의 언어인 침묵에 습관들이는 것이기도 합니다.

무엇보다도 향심기도는 그리스도와, 그리고 그리스도께서 우리를 그분께 데려가겠다고 약속하신 하느님과의 관계입니다. 그 관계를 일구어 나가는 훈련이기도 합니다. 그러므로 이것은 기술이 아니고 방법입니다. 이 훈련이 자동적으로 관계를 형성해 주는 것은 아니기 때문입니다. 그리고 하느님께서는 당신이 보시기에 적절한 시기에 우리에게 선물을 주십니다.

향심기도는 대화에서 친교로 넘어가는 움직임입니다. 다른 형태의 기도를 배제하지는 않습니다. 단지 다

---

[65] 키팅 『마음을 열고 가슴을 열고』 105.
[66] 같은 책 199-201.

른 기도들을 새로운 각도로 놓아 줍니다. 우리는 누군가와 친교를 나누는 과정에서 함께 차를 마시며 대화를 나눕니다. 이는 단순한 대화를 넘어, 보다 큰 만족을 주는 깊은 차원으로 관계를 움직이는 힘이기도 합니다. 능동적 기도나 논리적 묵상에서 더 깊은 곳으로 옮겨 가는 움직임입니다. 정감적 기도라고 부르기도 하는데 이것은 우리 의지의 행위와 관련이 있습니다. "당신을 사랑합니다. 이것저것을 해 주십시오. 당신을 찬양합니다. 당신을 존경합니다" 하는 식으로 시편 등에서 찾아볼 수 있는 의지를 나타냅니다. 향심기도가 발전하면 능동적 기도를 하면서 동시에 내면의 방에 머물 수 있게 됩니다.

기도의 지향은 말에 있는 것이 아니라 그 말로 드러나는 하느님의 현존에 있습니다. 그래서 우리의 다른 모든 종교적 행위와 헌신은 새로운 빛과 시각으로 변화하여 마치 내면의 방에 있을 때처럼 통합적으로 그것들에 임할 수 있습니다. 모든 사념을 떠나보내는 것은 내적 침묵을 개발하고 독방에 머무르는 훈련이기는 하지만, 그 독방의 효과가 다른 종교적 행위들로 옮겨 가서, 노래로 하느님을 찬양하며 우리 영의 깊은 곳에서 하느님과 함께하고 그분의 현존을 즐길 수 있게 합니다. 그리고 향심기도를 통해 내적 침묵에 습관 들이게 합니다. 우리의 영적 차원의 기능들을 계발하는 방법이자 하느님의 으뜸 언어인 침묵을 배우는 길입니다. 또한 그것은 믿음과 희망과 사랑의 훈련입니다. 이 훈련은 인간의 내면을 변형하게 하는 덕이며, 일시적인 하느님 체험보다 훨씬 큰 가치를 지니는 것입니다.

십자가의 성 요한에 따르면, 믿음은 하느님과 일치를 이루는 첩경입니다. 이것은 신념 체계를 말하는 것이 아니라 영적 의미에서의 신뢰, 성경적 의미에서 하느님께 온전히 승복한다는 뜻으로의 믿음을 가리킵니다. 그 승복의 깊이는 더욱 증가합니다. 그리하여 믿음은 감각의 밤에 정화되고 영의 밤에 더욱 깊어집니다. 다시 말해 이전의 믿음의 차원이나 믿음의 체계를 이루어 오던 모든 인간적 요소가 무너지고 떠나게 되면서 영의 밤에 믿음이 더욱 깊어지기 때문에, 감각의 밤은 대단히 마음을 괴롭히는 경험입니다. 하느님께로 가기 위해 지금까지 의존했던 것들이 사라지고 그 대신 중재 없이 직접 하느님께로 가는 순수한 믿음으로 대치됩니다. 현존과 현존, 존재와 존재, 하느님께서 모세와 얼굴을 맞대고 말씀하신 것과 같이 중재 없이 순수한 믿음으로 하느님을 직접 만나는 것입니다.

희망은 우리를 현재의 순간에 머물도록 해 줍니다. '하느님을 바라는 희망'(向主望德)은 미래에 대한 희망과 같은 정서적 희망과는 다릅니다. 여기서 말하려고 하는 신적 희망은 관상기도 중에 발달하는 것으로서 지금 이 자리에서 하느님의 무한하신 힘과 자비에 승복하는 것입니다. 그리고 이 희망은 과거와 관련이 없습니다. 우리가 과거에 좋은 일을 했든지, 나쁜 일을 했든지 아무 상관이 없습니다. 다만 지금 이 순간 당신이 누구인가, 하느님께 대한 신뢰로 얼마만큼 완전하게 자신을 내드리는가에 달려 있습니다. 희망은 우리를 현재로 데려오고 거기에 머물게 합니다.

사랑은 인내와 같습니다. 골방에서 지루함과 피로와 통증을 느끼고, 폭풍처럼 쏟아져 들어오는 사념과 맞닥뜨리고, 어린 시절 해결되지 못한 정서들이 원시적 감정과 함께 솟구쳐 오르고, 우리 인격의 어두운 면들이 의식에 잠식해 들어올 때조차 우리를 골방에 머물게 하는 힘이 바로 인내입니다.

결국 향심기도는 무지로의 여정이자 믿음의 모험이며, 세상 구원이라는 크나큰 프로그램에 참여하라는 초대입니다. 향심기도를 통해 온 세상이 우리와 함께합니다. 그래서 특정한 지향으로 기도할 필요가 없다고 말하는 것입니다. 성령의 선물을 청하는 기도의 열망에 이 모든 것이 다 포함되어 있기 때문입니다.

나오는 말

향심기도는 아주 전통적인 기도이면서 또 새로운 기도입니다. 나 혼자가 아니라 하느님과 함께 영적 여정을 시작한다는 점에서 그렇습니다. 향심기도의 단순성은 필설로 형언할 길 없는 기쁨이요, 헤아릴 길 없는 평화입니다. 사고의 다양성과 언어의 유동성 문제 모두를 향심기도를 통해 해결할 수 있습니다. 이를 일컬어 요한 카시아누스는 "인간 본성에 뿌리내린 모든 감정의 포용"이라고 기술했고, 또 "우리 모든 사고의 포함"[67]이라고도 말했습니다. 향심기도는 우리가 하느님의 인

---

[67] 요한 카시아누스 『담화집』 1권(이사악 아빠스의 제1 담화) 진 토마스 옮김, 한국 베네딕도 수도회 연합 1984, 76.

격적 사랑의 무한한 선물을 보고, 알고, 받을 수 있을 만큼 단순해질 때까지 우리를 인도해 갑니다. 단순성을 지니고 순례를 계속하는 사람에게 예수님께서 약속하신 그 기쁨으로 우리를 인도해 갑니다.

이렇듯 우리 교회에는 하느님과의 친밀한 관계에 이르기 위해 형성해 온 풍요로운 영성 전통이 있습니다. 그러나 현대의 많은 가톨릭 신자는 성실한 신앙생활에서 멀어져 기복 신앙으로 흐르거나, 아니면 요즈음 크게 일어나고 있는 온갖 형태의 유사 영성에 탐닉하려는 유혹에 직면해 있습니다. 그리스도인으로서, 말씀을 통해 살아 계신 그리스도를 만나지 못한다면 신앙생활은 크나큰 위기를 맞게 될 것입니다.

이런 측면에서 하느님의 말씀인 성경을 매일 가까이하며 그 말씀을 온 마음으로 순수하게 읽고 묵상하는 수행이 절실합니다. 따라서 수도 전통에 근거한 렉시오 디비나를 기반으로 하는 향심기도를 날마다 수행함으로써, 우리는 하느님과의 친밀한 관계 그 자체로 구체적이고 단순하게 나아갈 수 있을 것입니다. 그때, 말씀은 우리 안에 살아 현존하시게 되며, 더 이상 우리는 방황하거나 유사 영성에 현혹당하지 않고 그리스도인으로서 말씀과 함께 세상에서 살아가는 것이 가능해질 것입니다.

결론적으로, 우리가 이런 현상들을 올바로 인식하고 분별력을 제대로 갖출 때 다른 많은 기도법(특히 동양의 기도법)을 잘 활용할 수 있게 됩니다. 그러려면 우리 신앙의 골자(내용과 대상)를 먼저 잘 알아야 합니다. 무엇보다 이것이 확실한 분별 기준이 되기 때문입니다.

건전하지 못한 영성과 기도에 얽매인 사람들은 문제를 자기 밖에서 봅니다.[68] 그러나 예수 그리스도의 길을 따라 거짓자아의 허울 층들을 지나고 지나서 하느님께 다다른, 참자아를 회복한 사람들은 다릅니다.

현대의 유사 영성 운동이 드러내는 근본적 한계가 바로 여기에 있습니다. 자기를 찾으려는 노력이 기본적으로 자기나 가족에 갇힌 형태의 이른바 '웰빙'에 고착될 때, 하느님께서 지으시고 예수 그리스도께서 돌보시며 성령께서 함께 보살피시는 인류 가족에 대한 나의 책임과 동떨어지게 되고 심지어 이 책임을 파괴할 수도 있습니다. 유사 영성 운동만이 아니라 그리스도교의 여러 영성 운동 역시 지나치게 자기 자신이나 자기 교회에 집착할 때 세계와의 건강한 대화를 외면하거나 훼손할 수 있는 것이 사실입니다.[69] 이 시점에서 우리에게 더욱더 중요해지는 것은 하느님 사랑이

---

[68] 키팅 『인간 조건』 24.
[69] 키팅 『관상기도를 통해 하느님께 나아가는 길』 47-55.

이웃 사랑과 통합되어 있음을 가르치신 예수 그리스도의 말씀입니다. 이것은 우리 그리스도교 전통(가톨릭교회 전통)이 예수 그리스도의 하느님 섬김과 이웃 돌보는 마음 위에 세워져 있음을 뜻하는 것입니다.

끝으로 꼭 한 가지 잊지 말아야 할 것이 있습니다. 키팅 신부는 향심기도를 기도의 유일한 방법으로 생각하지 않는다는 점입니다. 하느님께 자기를 열어 드리는 길의 하나로 이해하고 있을 뿐입니다. 모든 성사와 전례, 그리고 다른 모든 기도 방식이 하느님과 참자아가 진정한 관계를 형성하여 하느님의 현존에 자신을 맡겨 드리는 데 도움이 될 수 있다는 것입니다.

향심기도는 살아 계신 하느님을 만나기 위해 자기 내면의 중심으로 내려가는 방법의 하나로서, 하느님을 직접 체험하도록 돕는다는 데 그 매력이 있습니다. 인격적 만남을 통해 하느님 앞에 선 자신의 모습을 있는 그대로 받아들이고, 그리스도인으로서 삶의 중요한 전기가 되며, 자신의 신앙과 생활을 통합하는 데 향심기도는 든든한 도구가 될 것입니다.

오늘날 마음의 평화를 구하는 사람들을 끌어들이는 유사 종교 운동이 여럿 있지만, 인간의 진정한 고향인 하느님께로 이끌지 못한다면 그것은 또 다른 우상에 지나지 않을 것입니다. 그리스도인에게는 오직 북극성

하나만 존재할 뿐입니다. 영적 관심이 고조되고 있는 오늘날 그리스도인들을 올바로 이끄는 것은 오직 성경의 그리스도 한 분뿐이십니다. 그러므로 성 베네딕도가 『수도 규칙』 머리말에서 "우리는 신앙과 선행의 실천으로 허리를 묶고 복음 성경의 인도를 따라 주님의 길을 걸어감으로써, 우리를 당신 나라로 부르시는 그분을 뵈옵도록 하자"[70] 하신 말씀을 충실히 따르는 향심기도는, 감수성과 체험을 요구하는 현대인들에게 하느님을 만나게 해 주는 훌륭한 나침반이 될 것입니다.

지금까지 살펴본 것처럼 렉시오 디비나를 바탕으로 한 향심기도는, 이 복잡한 시대를 극복할 단순한 방식으로 하느님의 현존과 그분의 활동에 우리 자신을 맡겨 드리는 태도를 익힘으로써, 그리스도와 올바른 사랑의 관계를 맺도록, 그리고 거기서 우리 존재 자체가 변형을 향해 성장하도록 새로운 지평을 열어 주고 있습니다.

개인적으로 필자는 여러 해 동안 향심기도 피정을 지도해 오면서 무엇보다 향심기도가 동양인의 심성, 특히 한국인의 심성에 적합하다는 자부심을 가지게 되었습니다. 실제로 개인 상담을 통해 체험을 나누는 가

---

[70] 베네딕도 『수도 규칙』 이형우 역주, 분도출판사 1991, 47.

운데, 가톨릭에도 이런 기도 수련법이 있다는 사실을 알게 되어 하느님께 감사드린다는 반응이 많았습니다. 한국 교회 안팎에서 쉽게 접할 수 있는 다른 종교들, 특히 민족종교라고 할 수 있는 단체들의 종교적 수련에 참가하고 싶어 하는 젊은이들이 향심기도를 통해 어느 정도 자신들의 욕구를 해소하거나 더는 다른 데를 기웃거릴 필요가 없다고 결론 내리는 경우를 보기도 했습니다. 굳이 불교의 명상법을 찾지 않고도 가톨릭 내에서 편안하게 기도할 수 있는 길을 열어 주어 고맙다는 말을 들을 때, 필자는 새삼 향심기도 피정을 지도하는 보람과 가치를 느꼈습니다.

끝으로, 이 책을 통해 더욱더 많은 사람이 자신 안에 있는 은총의 샘을 발견하게 되기를 간절히 바랍니다. 그리하여 모든 그리스도인이 진정한 자유 안에서 하느님을 섬기고 이웃을 사랑하는 소명을 실천하며 행복하게 살아가기를 소망합니다. 마더 데레사 수녀님의 말씀이 떠오릅니다. "참다운 기도란 내가 하느님께 무엇을 말씀드리는 것이 아니라 하느님께서 지금 나에게 무엇을 바라시는지를 여쭙는 것이다."

부록 향심기도 수련의 실제

향심기도 요약

(1) 개요

　향심기도는 그리스도교 신앙을 확립하는 데 직접 도움을 준다기보다 신앙을 체험하도록 돕는 좋은 도구라 할 수 있다. 이론보다는 체험을 선호하는 현대인들이 하느님 신앙을 체험하는 것을 돕고자 1970년대에 미국의 트라피스트 수도회 사제들(토머스 키팅, 배절 페닝턴, 윌리엄 메닝어, 토머스 머튼 등)이 주축이 되어 『무지의 구름』의 하느님 관념을 토대로 만든 단순한 기도다. 토머스 머튼이 '향심기도'라고 명명했다.

(2) 기도법

① **자세와 긴장 이완**
- 기도 분위기 확보를 위해서 가능하면 외딴 곳, 방해받지 않는 자리에서 기도하는 것이 좋다.
- 머리를 숙이면 목과 등 근육이 긴장되고 호흡이 곤란해지기 때문에 되도록 등은 곧게, 머리는 반듯하게 세우는 것이 좋다.
- 굳이 좌선하듯이 할 필요는 없다. 그냥 편안히 있으면 된다.
- 안정을 지나치게 추구해도 분심거리가 된다.
- 안락의자에 기대어 내맡기는 자세도 좋다.

② **기도의 순서와 요령**
- 기도 시작: 1~2분 동안 마음을 진정시키고 우리 심연에 계시는 하느님을 신앙 안에서 찾아간다.
- 우리는 하느님의 모상으로 창조된 피조물이므로 피조물의 영장인 내 안에 들어가면 하느님을 만날 수 있다.
- "그리스도께서 내 안에 사신다!"라고 마음 깊은 곳에서 외쳐 보자.
- 신앙 깊은 사랑 안에서 잠시 쉰 다음 단순하고 짧은 단어(하느님, 아버지, 주님, 성모님, 고요, 평화, 사랑, 감

사, 성부, 진리, 아멘, 아빠, 성령, 빛, 예수 등)를 선택해 나의 응답을 표현한다.
- 말뜻을 생각하지 말고(머리를 쓰게 되므로) 단순 반복하면서 부드럽게 젖어 들어간다. 이 기도는 무의식의 차원에서 이루어지기 때문에 여러 생각이 떠오르게 된다.
- 분심이 들면 원래의 기도 말(거룩한 단어)로 돌아온다. 분심에 내맡기면 기도에 실패한다.
- 생각과 이미지 및 그에 수반되는 긴장에서 자유로워지도록 하라.
- 거룩한 단어를 지적知的으로 분석하거나 뜻을 생각하지 말라.
- 이 기도는 자신에 대해 죽게 하는 그리스도교적 성격을 띤다.
- 주님을 사랑하고 가까이하려는 마음 상태를 유지하도록 한다. 이 '마음'이 기도다.
- 기도 중에 졸음이 오는 것 같으면 잠시 눈을 감고 있어도 된다. 묵상 중의 뇌파 운동은 잠잘 때와 흡사하므로 졸릴 때 잠깐 눈을 감고 있다가 깨어나면 오히려 개운하다. 그러고 나서 다시 거룩한 단어로 돌아가 기도를 계속하는 것이다. 억지로 기도하지 않는 것이 더 중요하다.

- 단, 습관적으로 자는 것은 안 된다. 이 시간은 하느님과 일치하려 노력하는 시간이지, 모든 것을 잊은 채 마음 푹 놓고 편안히 잠에 빠지는 시간이 아니기 때문이다. 이미 습관이 되었다면, 혹시 의자가 너무 편해서 잠이 오는 것은 아닌지 또는 기도 중에 하느님과 통교하거나 자신을 보는 것을 두려워하지는 않았는지 점검해 보아야 한다.
- 하루 두 차례 아침저녁 식사 전 20분이 적당하다. 적어도 20분은 채워야 한다.
- 기도를 길게 하는 것보다 짧게 여러 번 하는 것이 좋다.
- 마무리 부분: 깸 – 잠 – 꿈 다음의 넷째 단계에서 마무리 묵상을 한다. 갑자기 빠져나오면 불쾌감이 뒤따르므로 서서히 「주님의 기도」로 마무리한다.

(3) 기도의 효과

기도의 성공 여부를 가리는 것은 어려우나, 성령의 열매(사랑, 기쁨, 평화, 인내, 호의, 선의, 성실, 온유, 절제)를 맺으면 좋은 것이다.

하느님과, 만물과의 일치를 체험함으로써 동정심을 지니게 된다. 그럼으로써 평범한 일상을 비범한 하느님 사랑으로 살아갈 수 있게 된다.

향심기도 모임

(1) 성호경(앉아서)

(2) 시작 성가

(3) 거룩한 단어 선택 기도

 합송 ① 우리 존재의 중심에 살아 계신 아버지, 아들, 성령, 창조주이시며 구속주이시고 거룩하게 하시는 분이시여, 저희는 사랑으로 당신에게 승복하고자 합니다.
 무엇이든지 인식할 때, 저희가 기도하려고 하는 '거룩한 단어'가 당신의 현존과 활동에 동의한다는 저희의 지향의 표시와 상징이 되게 해 주십시오.(잠시 침묵)

 합송 ② 성령님, 저는 하느님께서 내 안에 현존하시고 활동하심에 동의한다는 지향을 가지고 기도하고자 합니다. 이 지향을 나타낼 '거룩한 단어'를 선택하고자 하오니 저를 도와주십시오.(잠시 침묵)

합송 ③ 하늘에 계신 사랑하는 아버지, 저는 아버지를 사랑합니다.

저는 아버지를 더욱더 사랑하고 싶습니다. 아버지께서 저를 사랑하시고, 저에게 아버지의 현존 안에서 이 20분을 보내려는 원의를 은총으로 내려 주셨다는 것을 압니다. 저는 아버지를 향한 제 사랑을 표현하기 위해 (   )을(를) 거룩한 단어로 선택했습니다.

저는 이제 아버지의 성령에게서 힘을 얻고 아버지의 아들 예수 그리스도와 일치하는 가운데 이 기도로 아버지께 제 사랑을 바치려 합니다.(잠시 침묵)

(4) 각자 선택한 '거룩한 단어'를 돌아가면서 말한다.

(5) 인도자의 안내와 함께 기도에 들어간다.

인도자 기도에 들어가겠습니다. 편히 앉아서 목과 등을 곧게 세우고 손을 무릎 위에 놓으십시오.

목과 어깨의 힘을 빼십시오. 그리고 의도적으로 온몸의 긴장을 푸십시오.

눈을 감고, 하느님께서 내 안에 현존하시면서 활동하심에 동의한다는 나의 지향을 상징하는 거룩한 단어를 의식에 부드럽게 불러들이십시오. 기도 중에 분심이나 잡념이 들어왔음을 알아차리면 아주 부드럽게 다시 그 거룩한 단어로 돌아가십시오.

종을 세 번 치면서 기도에 들어간다.
  끝날 때도 종을 세 번 친 다음 「주님의 기도」를 바치고 2~3분 후에 눈을 뜬다. '관상적 걷기'를 위해 천천히 일어난다.

(6) 종 세 번 ▷ 20분 침묵 ▷ 종 세 번 ▷ 「주님의 기도」 합송

(7) 관상적 걷기
  향심기도 후 관상적 걷기를 한다.
  원 안을 향해 깊은 절을 하고 "나의 주님, 나의 하느님"을 반복하면서 편한 자세로 천천히 시계 방향으로 돈다. 이는 다른 사람들과 함께 천천히 움직이면서 하느님의 현존에 대한 인식을 유지하려는 것이다.
  모두 제자리로 돌아오면 다시 한 번 원 안을 향해 깊은 절을 하고 앉는다.

(8) 마침 성가 후 「영광송」으로 마무리한다.

나눔의 형식

(1) 입장

서로 인사를 나눈다. (10분)

(2) 향심기도

바로 음악을 틀거나 종을 세 번 치면서 20분간 기도에 들어간다.

(3) 나눔

각자 성령의 이끄심에 따라 나눔을 한다. 나누지 않을 자유도 존중한다. 그러나 계속해서 나누지 않으면 모임에 능동적으로 참여하려는 의지가 없다는 뜻이다. 모두에게 차례가 갈 때까지는 한 번씩만 나눔을 한다.

이 시간에는 논평, 질문, 유사한 나눔은 허용하지 않는다. 자신의 경험에 관해 스스로 논평할 수는 있다.

(전체 나눔 시간은 50분, 개별 나눔 시간은 7~8분 정도로 제한한다.)

(4) 끝맺음

인도자는 나눔에 함께하신 하느님의 말씀을 존중하는 마음으로, 나눔에서 어떤 통찰을 얻었는지 묻는다.

공동기도, 공동체(세상)의 다른 사람들을 위한 청원, 감사기도로 끝을 맺는다. (10분)

관상기도는 다른 사람들에 대해 관심을 가지도록 자연스럽게 이끌어 준다.

믿음 나누기 지침

작은 기도 모임이 지니는 친밀성 때문에, 구성원 각자는 소그룹의 에티켓을 이해하는 것이 매우 중요하다. 그러므로 다음을 권고한다.

- 있는 그대로 받아들인다.
- 부닥치는 문제, 성공, 기쁨 그리고 아픔을 나눈다.
- 우리는 정직하다. 거짓자아 뒤에 숨은 참자아(참나)를 해방시킨다.
- 다른 사람이 말할 때 에너지를 집중하여 듣는다.
- 다른 사람의 나눔을 단죄하거나 비판해서는 안 된다.
- 서로 돌보기 위해 모인 것이지, 위기와 아픔을 고치거나 없애려고 모인 것이 아니다. 치유하시는 분은 하느님이시다.
- 자신의 언어로 나눈다. 자기 삶에서 얻은 경험을 나누는 것이지, 추상적 생각을 나누는 것이 아니다.

- 절대 충고하지 않는다.
- 원하면 나누지 않고 조용히 앉아 있을 수 있다.
- 나눔 내용을 거룩하고 절대적인 비밀로 간직한다.
- 서로를 완전히 신뢰한다.

향심기도 쇄신의 날

(1) 소개, 오리엔테이션
(2) 그룹 나눔(향심기도 경험에 초점을 맞추어)
(3) 향심기도 복습
  - 자세, 거룩한 단어, 관상적 걷기, 적극적 기도, 사고 등.
(4) 침묵 가운데 점심 식사(영적 독서 들으면서)
(5) 관상적 걷기 후 20분간 향심기도
(6) 질문
  - 오늘 경험의 결과로, 각자의 향심기도를 심화하기 위해 어떤 단계를 밟을 것인가?
(7) 질문에 대한 나눔
(8) 관상적 걷기 후 20분간 향심기도
(9) 렉시오 디비나에 대한 나눔
  - 렉시오 디비나를 통해 경험한 바를 요약해 전달하고, 말이나 글로 그날의 평가를 듣는다.
(10) 마침 기도

참고한 책

교황청 문화 평의회와 교황청 종교 간 대화 평의회 「생명수를 지니신 예수 그리스도 — '뉴에이지'에 관한 그리스도교적 성찰」 『가톨릭교회의 가르침』 26, 한국천주교중앙협의회 2004.

베네딕도 『수도 규칙』 이형우 역주, 분도출판사 1991.

십자가의 성 요한 『소품집』 대전 가르멜 여자 수도원 옮김, 분도출판사 1977.

— 『어둔 밤』 최민순 옮김, 바오로딸 1994.

안토니 블룸 『기도의 체험』 김승혜 옮김, 가톨릭출판사 1999.

알렝 드레 『신앙의 신비』 정대식 옮김, 가톨릭출판사 1981.

엄무광 『향심기도』 성바오로 1998.

요한 카시아누스 『담화집』 1권(이사악 아빠스의 제1 담화) 진 토마스 옮김, 한국 베네딕도 수도회 연합 1984.

정규한 『가슴으로 드리는 기도』 성서와 함께 2000.

— 『우리 영혼의 숨』 성서와 함께 2002.

존 메인 『침묵으로 이끄는 말』 이창영 옮김, 분도출판사 2006.

클리프턴 월터스 『무지의 구름』 정성호 옮김, 바오로딸 1987.

토머스 파커 키팅 『관상기도를 통해 하느님께 나아가는 길』 엄무광 옮김, 가톨릭출판사 1999.

— 『마음을 열고 가슴을 열고』 엄무광 옮김, 가톨릭출판사 1997.

— 『인간 조건』 엄무광 옮김, 성바오로 2001.

— 『하느님과의 친밀』 엄무광 옮김, 성바오로 1998.